Ⓢ新潮新書

野地秩嘉
NOJI Tsuneyoshi

トヨタに学ぶ カイゼンのヒント71

869

新潮社

トヨタに学ぶ　カイゼンのヒント71●目次

第3章　常識は敵だ　40

第4章　ためてはいけない　52

第1章　トヨタ生産方式の「カイゼン」とは何か

1　売れる分だけ作る

トヨタ生産方式とはトヨタの創業者、豊田喜一郎が考え、後に大野耐一が体系化した工場における生産方式をいう。

「工場に生産方式なんてあるの？　サプライヤー（協力会社）から部品を仕入れて、ベルトコンベアに流して組み立てれば、それでいいんじゃないの？」

わたしはそう思い込んでいた。

おそらく今でも多くの一般の人はそれくらいの考えではないのか。

ところがそうではない。

それぞれの工場には、それぞれの生産方式というものが存在する。

そして、生産方式によって生産の効率はまったく違うのである。

実際に自動車工場に見学に行ってみると、メーカーによってラインの風景も作業のやり方もまったく異なっていることがわかる。

今では少なくなったけれど、いわゆる大量生産方式というものがかつては主流だった。生産計画を立てて、部品を仕入れたら、どんどん作ってしまう。これを「押し込み生産」とも言う。部品を押し込んで、製品を作るからだ。そして、この場合、計画通りに製品が売れていけば問題はない。製品はマーケットに出て行って消費者が受け取り、工場内外に滞留することはない。

しかし、どんなに綿密に立てても、計画というものは必ず狂う。

「1万個売れる」と計画を立てて、余分も含めて1万2000個分の部品を仕入れて、そして、実際に売ってみたら、9500個しか売れなかった、なんてことはよくある。計画することが悪いのではなく、消費者が製造会社の思うとおりの行動をすることはないのが現実であり、リアルな社会だ。

逆に計画が外れ、売れて売れて部品が足りなくなることだってある。

部品を仕入れて製品を作ればいいのだけれど、そうはいかない。あらためて部品会社に発注しなければならない。半年くらいは過ぎてしまう。商品が手元に来るのに半年以上もかかるのだったら、消費者は「もういらないよ」と言うに決まっている。

計画以上に売れてしまい、追加で生産したものの、結果的に余ってしまったら、在庫として抱えるしかない。しかし、余った在庫はまず売れない。かといって、大安売りしたら、定価で買った客からクレームが来る。

また、自動車は高額な商品だから、野ざらしにするわけにはいかない。倉庫を借りて置いておくしかない。けれど、倉庫で大切に保管したからと言って、売れるわけではない。赤字の上に倉庫代がかかってしまう。倉庫を管理するための人件費だってバカにならない。

そうならないための生産方式がトヨタ生産方式だ。

「ムダをなくして、売れる分だけ作りたい」

それがトヨタの考え方である。今ではどこの製造会社も在庫を持たないで、売れる分だけ作る方針に変わっている。押し込み生産を続けている会社はムダをムダとも思わない会社だけだ。

2　売れ残りや余分な在庫のない注文生産

実際に日本国内で売っているトヨタの自動車は注文生産だ。シートの色、オプションなどを聞いておいて、その通りに作る。

寿司屋が注文に応じて、トロや赤貝を握って出すのと同じことを製造業でやってしまったのがトヨタだ。つまり、売れ残りや在庫はない。たとえ、売れなくなっても損にはならないような生産体制だ。

トヨタ生産方式の特徴を要約すると次のようになる。

① 工場と工場の間、ラインとラインの間の中間在庫を少なくし、「ジャスト・イン・タイム」で製品を作る。

② 不良品を出さないよう「自働化」と呼ぶ方法を用い、異常の検知をラインのなかで行う。つまり、良品だけを後の工程へ流す。

③ そうして、つねに「カイゼン」していって生産性を向上する。

④ 押し込み生産をしてとにかく製品を作ってしまうのではなく、「後工程引き取り」

と呼ぶ、後ろの工程が「材料をくれ」と言ってきてから、初めて原材料やユニット部品を流す。

⑤　在庫をゼロにするのではなく、在庫を少なくし、しかも、その量をつねに一定に保つ。

製造業では長いこと押し込み生産の大量生産が続いていたが、トヨタ生産方式が評価されてからは、多くの工場、物流企業で採用されている。日本だけではなく、また工場現場だけでなく、ファーウェイ、アマゾンといった会社が熱心にトヨタ生産方式を研究し、採り入れている。

3　労働強化、人員削減のためのシステムではない

ただし、長い間、というか現在でもトヨタ生産方式は労働強化と人員削減のシステムのように思われている。

「人減らしとラインのスピードを上げて生産性向上を目指す、人間を無視したやり方

だ」

ずっと、そう非難されてきた。

なぜ、誤解が広まっているのか。

それは、一般の人にとっては生産方式の違いなど、気にすることではないし、よくわからないからだ。

自分が当事者ではない限り、人は「押し込み生産」であろうが、「トヨタ生産方式」であろうが、そんなことはどうでもいいと思っている。

加えて、トヨタ生産方式を解説した本はたくさんあるけれど、どれも客からの視線、客にとってはどんなメリットがあるのかを書いていなかったからだ。生産する側の論理で、理屈をまとめたものだから、マスコミや一般の人は「トヨタ生産方式」を敬遠したのである。

4　フレッシュな車は客にとってもお得

では、トヨタ生産方式は客にとって、どういったメリットがあるのだろうか。

同じ性能、同じ装備の車であればトヨタ製の車の方が他社のそれよりも間違いなく安い。トヨタの車が売れているのはそういうことだからだ。

もうひとつある。

それはフレッシュな車が手に入ること。ジャスト・イン・タイムで作り、できたものをすぐに客の元へ運んでくるから、トヨタの車はフレッシュだ。長くヤードに置いておくと、車の下回りは汚れる。屋外に置いた車に雨が降ったりすれば雨滴のレンズ効果で塗装品質は落ちる。

一方、生産されたばかりの車がすぐに家に届けられて、それを大切に乗っていれば車は傷まない。下取り価格は高くなるから、結果としては車を安く買ったのと同じだ。

トヨタ生産方式とは客が得するシステムなのに、これまでも、今でも、トヨタ自体でさえ、そのことを言ってこなかった。

社内の人間も、客にとってのメリットを、わかってはいるものの大声で主張してこなかった。トヨタの従業員は変なところで遠慮気味だ。

「トヨタ生産方式はお客さまが得するシステムです。なぜなら……」

この点から説明すればよかったのである。

トヨタの幹部は従業員に厳しく教育している。

従業員は「トヨタは大企業だからと胸を張るな、エラそうな態度はとるんじゃない」と幹部からつねに叱責を受けている。だから、自社のいいところ、客が受けるメリットを公言してこなかったのかもしれない。

しかし……。トヨタの人間のなかには、幹部からの教育効果もなく、エラそうなやつもいることはいる。まあ、それはともかく、本書では「客が得するシステム」から生まれたカイゼンのヒントをまとめてある。むろん、トヨタの例だけではない。わたしが見つけた世の中のカイゼンのヒントを記載してある。

そうして、カイゼンのヒントを知っていると、客も得をするし、カイゼンした人自身も得をする。

5 一日に10回、手を洗え

トヨタの創業者は豊田喜一郎。織機王、豊田佐吉の長男だ。織機の事業が儲かっているうちに自動車の研究を始め、自動車先進国の車のノックダウンでなく、自動車製造の事業を興した。もっといえば、この人はなかなかカラフルな才能がある人で、まだ東大の学生だった頃、つまり戦前に戦闘機「飛燕」の液冷式エンジンの設計をしたこともある。

さて、豊田喜一郎が初めての国産量産自動車AA型【註・アメリカ・クライスラー車の影響を受けた3400ccの中型車。1404台、製造された】を世に出したのは戦前の1936年9月のことだった。

自動車を作るなんて誰でもできることと、今では思う。しかし、豊田喜一郎がAA型を作った頃、本人を始め、自動車工学を学んだ人間などいなかった。それどころか、製造にかかわった人間のうち、自家用車を持っていたのは豊田喜一郎くらいだったし、運転したことがある人もごくわずかだった。運転したことがなければハンドルやシフトレバーの位置だって、熟慮して設計しなければならない。彼らの仕事は苦難と苦闘の連続だったと思う。

むろん戦前にも自動車はあった。AA型が出る前年、日本国内で走っていた四輪車の数は12万5915台。半分近くはトラックでしかもアメリカ製である。一般庶民にとって自家用車は「夢の乗り物」だったろう。

そんな状態だったから、日本人で自動車の専門家がいたわけではない。それでも寄ってたかって自動車を作ってしまったということになる。

後のことになるが、初代クラウン（1955年発売）の開発を統括した主査、中村健也はプレス機械の専門技術者だった。また、他社の話になるが軽自動車のベストセラーカー、スバル360（1958年）を開発した百瀬晋六は戦闘機の技術者だった。百瀬は文献研究と外国車を分解調査して設計したというから、人間はやる気になれば何でもできるということなのだろうか。

現在の自動車開発者は誰もが自家用車を持っているし、運転だってできる。現物も知識も資料にも事欠かない。

それなのに、モーターショーやオートサロンに出てくる「夢の車」「未来の車」はアナーキーなデザインでもないし、突拍子もないコンセプトでもない。

データや資料が少ない方が人間の想像力は飛躍するのではないか。

話はズレたけれど、トヨタの創業期、豊田喜一郎は採用した大学卒業者にたったひとつの言葉を繰り返し教え、身体に叩き込んだ。これもカイゼンのひとつだ。

「いいか、お前たちは机の前で勉強することに慣れている。しかし、車を作るのは勉強じゃない。考えることだ。現場へ行け。車に触《さわ》れ、温度を肌で感じるんだ。機械も触れ。油で手を汚せ。そうして、一日に10回、手を洗え」

豊田喜一郎はカイゼンのヒントは机上にはないと言っている。カイゼンは現場で考えることだと強調している。

６　カイゼンとはアップデートのこと

スマホやパソコンを使っていると、画面に「アップデートします」とか「ソフトウェアを更新します」「バージョンアップします」という表示が出てくる。

ああ、そんなものかと何も考えずにアップデートが終わるのを待つのが一般の人々だろう。アップデートが必要なのは、スマホやパソコンは完成された機械ではないからだ。未完成な機械だから、不完全な状態をアップデートし、つねに性能をアップさせている。

一方、冷蔵庫とか洗濯機とか掃除機は買った時点で性能は完成されている。アップデートはできない。性能を向上させた製品、あるいは新しい機能の製品を手に入れるならば、まるごと買うしかない。

思うに、人間だって完成された機械ではない。

子どもから大人になるまで自発的に、もしくは知らず知らずのうちにアップデートして性能を上げていっている。アップデートしない人間は子どものままだ。だから、人間も知識や経験をアップデートさせていかなくてはならない。

そうしてスマホやパソコンでさえアップデートしているのだから、人間はさらにアップデートしなくてはならない。

カイゼンとはつまり、アップデートのことであり、やらないままでいたら、人間は「古い機械」になってしまう。

7　アップデートなしでは生き残れない

では、もし、人間がアップデートしないまま生活していたらどうなるのか。

ＰＣやスマホについて検索したら、「アップデートしないまま使用していると、主に３つの問題が出てきます」と書いてあった。

要約すると、次のようになる。

①　セキュリティが弱くなる
　新しいウイルスはつねに生まれている。ＯＳを最新の状態にしないと、ウイルスに感染するリスクが高まる。

②　バグや細かい不具合が修正されない
　ＯＳやアプリには特定の条件ではフリーズしたり強制終了されるといった不具合がつきもの。バグや不具合を修正しないと、画面が動かなくなったりして不便だ。

③　最新の機能が使えない
　最新の機能が使えないままスマホやアプリを使っていると、昔のガラケーを使っているのと同じ。

これを人間に当てはめるとどうなるか。

①　セキュリティ性能が弱くなる

スマホなどを通じた、さまざまな投資詐欺などにだまされてもおかしくない。世の中には新しい詐欺が次々と生まれている。

②　欠点がそのままの人間になってしまう

「カイゼンした方がいい」と言ってくれる人間は少ない。そういう人たちの忠告を聞くこともまたカイゼンにつながる。指摘してくれる人間がいることは幸せだ。

③　最新の情報が入らなくなる

仕事をしていても重要なのは情報だ。最新の情報を取り入れることもまたカイゼンだ。

人間という不完全な機械にとってアップデートは必要だ。欠くことのできない自然な成長でもある。

8　考える時はふとんから出ろ

さて、話は戻る。

豊田喜一郎の「一日に10回、手を洗え」は考える時は現場に行けという意味だ。

これに似た言葉がある。この言葉もまたカイゼンに役立つと思うので、記しておく。

「考える時はふとんから出ろ」

発言したのは原貢。巨人の原辰徳監督の実父だ。生前の最後の肩書は東海大学野球部名誉総監督。この言葉は原辰徳が巨人の監督に就任した時、貢が息子に言った言葉とされている。

人間、悩みごとがあれば、ふとんに入ってからも考えてしまう。仕事の悩み、恋の悩み、お金の悩み……。悩みが深ければ深いほど、ああだ、こうだと考え込んでしまう。そのうちにだんだん眠れなくなって、今度は眠れないことに焦って、汗だくになってしまう。

眠れないなかで考えたことに、いいアイデアはない。考えるならば、ふとんから出て、考える態勢を作る。ノートにメモを書いたり、現場に行った時のことを思い出したり、参考文献を読んだりする。

たとえ、恋の悩みであっても、相手を攻略するのだから、スマホで恋の成功、失敗体験記を検索した方が、ふとんのなかでぐずぐず考えるよりは役に立つ。

寝ながら考えるのではなく、起きるか寝るかはっきりする。起きるならば起きて考える。眠るのならば、風呂に入って、マッサージでもして、強制的に眠る。そして、ひと晩、ぐっすり眠った後のさえた頭で考える。

9 「ジャスト・イン・タイム」と「自働化」という二本柱

トヨタ生産方式についての説明で必ず出てくるのが二本柱の「ジャスト・イン・タイム」と「自働化」だ。このうち、ジャスト・イン・タイムは言葉通り、水が流れるように不断で物が製造され、遅滞なく客の手元へ届くことをいう。製造と物流に滞留や停滞がない。

考えたのは豊田喜一郎。織機の製造をしていた彼は綿花から一本の綿糸ができ、それが綿織物になっていく過程を見ていた。自動車もまた流れるように作るべきと考えたのだろう。

トヨタでは次のように説明している。

「お客さまの必要なものを必要な時に必要なだけ、物を停滞させずにサッと、売れるスピードで作るのがジャスト・イン・タイム」

寿司屋を例にしよう。

カウンターに座った客が「イカとハマグリください」と注文する。これは客が必要とするネタだ。寿司職人は「はい」と答えたかと思うと、通常の動作で握って、客の目の前にイカとハマグリを出す。これが必要な時に必要なものが出てくる状態だ。

「すみません、ハマグリは今、煮てます」

といった言い訳は「必要なもの」がない状態だろう。

「ハマグリの代わりにイカを2個ではダメですか?」

これは「必要なだけ」のハマグリの量を確保していないことになる。ジャスト・イン・タイムではない。

すべてのネタが過不足なく用意してあって、しかも、客を待たすことなく、サッと出てくる寿司店は10軒のうち、果たして何店舗くらいあるのだろうか。

マグロ、アジ、イカ、タコ、玉子といったネタはどこの店でも揃えている。ところが、煮ハマグリやシャコのような仕込みに手間のかかるネタは置いていないところが多い。

トヨタの組み立て工場を見学に行くと、ラインにはクラウン、プリウス、カローラといった車が流れている。それぞれ車の色はさまざまある。すべての車の色に合わせたシートなどがライン際に来ていて、停滞なく車のなかに装備される。

クラウン、プリウス、カローラは寿司屋のネタで言えばマグロ、アジ、玉子みたいなものだ。ところが3日に1回くらい、クラウンのパトカーがラインを流れてきたりする。3日に一度しか使わない部品でさえ、いつのまにかライン際に用意されていて、停滞なく取り付けられる。

トヨタ生産方式のジャスト・イン・タイムの見事さとはこういうものだ。流れるように作業をするのは簡単なようで、生産現場での実現には長い時間がかかる。

ジャスト・イン・タイムと共に二本柱と呼ばれている「自働化」は不良品を出さないための考え方だ。

「自分たちには1パーセントの不良でも、買ったお客さまにとっては100パーセントの不良」

彼らはそう考えている。

前述の通り、トヨタの源流は喜一郎の父親、豊田佐吉が興した織機製造会社である。そして、豊田佐吉の発明は織機の性能を向上させただけではなく、糸切れがあったら、機械が止まるような仕掛けを作ったことだった。

それまでの機械では糸切れがあったとしても機械は動き続け、不良の綿織物ができあがったのである。

工程に異常があったら機械が止まるようにしたのが豊田佐吉だった。

トヨタ生産方式ではこの考え方を援用し、異常があったらラインを止める。それが自働化だ。

原因がわかるまでラインを動かさない。目的は、作業者にラインを止める権限を委ねることにあった。それまで、工場のラインを止める権限は作業者にはなかった。管理者しかラインを止められなかった。そのため、作業者は目の前に不良品が流れてきても、ただ、手を動かすしかなかった。作業者がラインを止めたくても止められないのが、それまでの生産方式だったのである。

だが、トヨタでは「人を機械の番人にはしない」「不良があったら、すぐにラインを止めろ」と決めた。そこで、不良が出ても、製品になる前に発見して直すことができるようになったのである。

ジャスト・イン・タイムと自働化というふたつの考えの結果、ムダがなくなり、不良品が出なくなった。

トヨタが利益を上げているのはこのふたつを守り、かつ、カイゼンしているからだろう。

こう書くと簡単なようにみえるかもしれないが、それがどれほど難しいことなのかは、製造業のみならず、いわゆる「日本型組織」で働く人にとっては、少なからず察しがつくのではないだろうか。

次章からは、トヨタにおいて「カイゼン」の習慣が定着するために、どんなくふうがなされ、そして今もそれを続けるためにどうしているのかも、できるだけわかりやすく書いてみた。

また、トヨタだけではなく、これまでに取材した様々な企業や経営者において、感心させられた「カイゼン」についても紹介している。製造業はもとより、サービス業も含めたあらゆる職場、学校や家庭生活においても「カイゼン」はできる。

それは、すべての人が「楽に」「楽しく」生きられるヒントとなる。

第2章　横着者ほどカイゼンがうまい

10　ベストを追求するな

トヨタでなくとも、少しでも良くしようと仕事のやり方を進歩させたり、変えることはやっている。それが漢字で書く「改善」である。

ただし、改善とトヨタのカイゼンは少し違う。

改善の意味を辞書（大辞林）で引くと（実際には検索してますけど）、「物事をよい方に改めること」となっている。

改善とカイゼンは意味はほぼ同じだ。

違うのは姿勢である。

「改善しよう」という気持ちには刻苦勉励の気配が含まれている。徹夜するとか額に汗するとか、何か月もの苦労を経て、チーム一丸で大きな結果を残すことが改善だと思われている。

しかし、トヨタにおけるカイゼンとはそんな大げさなものではない。

「カイゼンは入社1日目の新人でもできること」である。

簡単で楽で、誰でもできるのがトヨタのカイゼンだ。むろん、チームを組んで時間をかけてやるカイゼンもあるけれど、そこに刻苦勉励を押し付ける風土はない。そして、ベストや完璧を望んではいない。

「作業が0・1秒、短くなればそれでいい」

「ねじ1本拾うこともカイゼンだ」

カイゼンに膨大な時間やコストやエネルギーをかけないのがトヨタ流だ。ベストを追求するのではなく、ベター・ベター・ベターで臨む。考えてばかりいるよりも、とにかくやってみる。やってみて結果が思わしくなければまたカイゼンする。

一度のカイゼンで終わるわけではない。尺取虫が地面を這うように、ほんの少しずつ、ゆっくり前へ進むのがカイゼン。

トヨタの人たちはそう考えて気楽に実行している。

トヨタ生産方式に学ぶカイゼンの大きなヒントとはこれだ。

血相変えなくていい。気楽にやればいい。他人のためではなく、自分が楽するためにやるのがカイゼン。

なぜ、ねじを1本拾うことがカイゼンなのか。

「ねじ1本だって、落ちていれば拾うのがカイゼンだ。そのままにしておけば誰かがその上に乗って転ぶかもしれない。そうすれば仕事が滞る。それに、トヨタでは落ちた部品は、見かけがカンペキでも、絶対に使わない。

そして、拾う時に考えることだ。どうして、ここにねじが1本、落ちているのか？誰かが落としたのか？　それとも棚から落ちたのか？　原因を究明して、そうして、ねじが落ちていないようにしなければいけない。これがねじを拾った後のカイゼン」

11　残業しないために始まった

カイゼンとは建前の提案ではない。自分が楽になるためにやることで、長く働かないためのくふうだ。上司に気に入られるために提案することではなく、あくまで自分のため、自分が楽をするためにやることだ。

なぜ、カイゼンは自分のためなのか。

それは本格的に始まったトヨタの１９５０年代の状況を知れば誰もが納得できると思われる。

「トヨタも大変だったな」という時期の話である。

戦後から5年目、１９５０年の春のことだった。トヨタに労働争議が起こった。会社再建のため経営側は人員整理をすることになる。

当時の全社員８１４０名のうち、２１４６名を退職させ、同社はやっとひと息つくことができた。しかし、それでもトヨタの車（当時はトラック）は売れず、在庫は溜まるばかり。

同年6月5日にはいよいよ創業社長の豊田喜一郎が辞任した。「トヨタはつぶれる」「もはやここまで」と周囲は思っていた。

ところが、社長辞任から20日後のこと、朝鮮戦争が勃発した。デフレ不況にあった日本経済もトヨタも朝鮮戦争による特需で救われた。

トヨタは戦争が始まった翌月にはアメリカ軍から1000台のトラックを受注。その後もトラックの発注は続き、総計4679台をアメリカ軍に納入することができた。金額にして36億600万円。前年、1949年のトヨタの売り上げは約20億円だから、特需で2年分の売り上げをまかなったことになる。

つまり、仕事がなかったので人を減らしたにもかかわらず、人員が少ないままで大増産しなければならないという状況に陥った。

しかし、募集はできなかった。なんといっても人を減らしたばかりだから、大々的に募集するわけにはいかなかった。それに、募集しても誰も手を挙げなかっただろう。

今でこそ、朝鮮戦争の戦闘行為が約3年間、続いたことは歴史の事実として知っている。しかし、あの頃の人たちは戦争がそれほど長く続くとは思っていなかった。トヨタがトラックを受注したことだって、一時的なことで、大きく成長するとは周囲だけでなく、トヨタの幹部だって想像できなかっただろう。

そのため、5887人になった社員数はその後、6年間、ほぼ変わらなかった。

ところが、人が増えていない6年間の間に、トヨタは大増産している。

50年の生産台数（国内）は1万1706台で、6年後のそれは4万6417台。生産台数は4倍近くだ。

この間、臨時工、期間工をラインに入れたわけでもない。臨時工を雇うようになったのは56年以降のことだから。

また、昼夜二交替の二直体制で頑張ったわけでもない。同社が昼夜二交替制にしたのは62年からのことだ。そもそも人員が増えなければ交替制を取ることはできない。

加えて高性能の機械を入れたわけでもない。

人も増えず、機械も一新したわけではないのに、短期間で生産台数が激増した。その答えがトヨタ生産方式とカイゼンなのである。

「カイゼンは楽するため」と書いたのは、人が増えないから、工場では身体をいたわって仕事しなければ継続的に働くことができなかった。

1日や2日ならば徹夜できるけれど、6年間、身体を酷使するわけにはいかない。残業もやらず、徹夜もせずに増産するためには毎日、少しずつ何かを変えていって、少しでも楽な姿勢で、動く距離も短くして、そうして作業をするしかなかった。

人員削減のための生産方式ではなくて、人を増やせなかったから、生産性を向上させなければならなかったのである。

ちなみに、労働争議の前から始まったトヨタ生産方式のカイゼンは次のように進んでいる。

１９４７年　機械の二台持ち、一部で工具の集中研磨方式が始まった。全機械工場への導入は51年。

48年　作業の平準化の始まり、後工程の引き取りが開始。

50年　アンドン方式が採用され、機械加工工程の流れ化がスタート。

53年には標準作業が設定され、機械工場で呼び出し方式、つまり後補充の生産が本格的に始まっている。かんばんも導入された。これも大野が工場長だった機械工場からだ。

54年には中間倉庫が廃止された。

55年には組み立て工場と車体工場の同期化。

60年にはすべての工場間の同期化が済んでいる。

12　面倒くさいことを簡単にする方法

トヨタの製造現場上がりの副社長、河合満は「カイゼンは真面目なやつより横着者の方が思いつく」と言っている。

「昔は寝転んでテレビを見てると、チャンネル変えるのに、いちいち立ち上がって、回さなければならなかった。立ち上がるのが面倒だと思ったやつがテレビのリモコンを考えついたんだ。

そいつが今考えているのは、リモコンでさえ面倒くさいから何とかしたいということじゃないか。リモコンを使わなくてもチャンネルを変える方法を考えるのがカイゼンなんだよ。面倒くささをなくす。だから、真面目なやつより、横着なやつの方がいろんな提案をしてくる」

本書で取り上げるカイゼンとは河合が指摘したような、面倒くさいことを簡単にする方法だ。仕事、作業からムダを省いて生産性を上げるためのヒントである。

同じく河合の話だ。

「言われたことをきっちりやるだけではカイゼンはできない。少しでも早くやりたい、早くやれば楽になると思うやつが考える。

もしくは、この仕事をやると不良品が出る。不良品が出ると、残業して、不良の分も作らんといかん。オレは残業はしたくないから不良を出したくない。じゃあ、不良をなくすために何をすればいいいか。それがカイゼンだ。

また、機械が故障すれば残業しなくちゃいかんでしょう。デートしなきゃならんのに、機械が2時間も止まったら、デートの時間に2時間遅れる。彼女は待っててくれない。これはカイゼンしないといけない。そういう気持ちでやればいいんですよ。そういう動機でカイゼンした方がいいものができる」

つまり、カイゼンは自分の都合のためにやっていいということだ。

第3章　常識は敵だ

13　崎陽軒のシウマイ弁当が「当日キャンセルOK」の理由

横浜、川崎、東京地区で「しゅうまい」と言えば、頭に浮かぶのは崎陽軒《きようけん》のシウマイとシウマイ弁当だ。元々は駅弁を作っていた同社は「冷めてもおいしいしゅうまい」を開発し、それを弁当のおかずにして、名作「シウマイ弁当」ができた。デパートや駅で売っているけれど、実は運動会、花見、バーベキューパーティなどの屋外イベント、コンサートやスポーツイベントでも大きな売り上げを上げている。

むろん「シウマイ弁当がおいしいから」売れる。しかし、それだけではなく、ちょっとしたカイゼンでさらに大きく売り上げを伸ばしている。

意外と知られていないが、同社が考え付いたカイゼンとはシウマイ弁当の本体に関わることではない。

特別のキャンセルポリシーを持っていることにある。

「運動会のような天候に左右される屋外イベントの場合、事前に中止の可能性を伝えてもらっていれば、昔から、うちは当日のキャンセルＯＫなんです。朝、雨が降ったから運動会は中止。そのとき、幹事さんが当社に連絡してくれれば、キャンセル料を払わなくてもキャンセルできます。

当社では、シウマイ弁当を昭和29（１９５４）年に売り出してから、ずっとそうです。シウマイ弁当は売れる母数が大きいので、キャンセルされたシウマイ弁当をほかの店舗に回せば売れるんですよ。ただ、他の弁当はダメですよ。シウマイ弁当だけです」

同社の社長はそう言っている。

崎陽軒の営業マンは「雨が降っても、うちなら当日キャンセルできますよ」とトークをして、運動会用の弁当の注文を取ってくる。

このカイゼンには費用はかからない。リスクを取って、雨が降ってイベントが中止になった時、その弁当をどうやって売ればいいかを考えるだけだ。しかし、それでも、「当日キャンセルＯＫ」を打ち出す弁当メーカーはない。崎陽軒の独走が続くだけだ。

こうしたカイゼンはただ真面目に愚直に商品のことだけを突き詰めても思いつかない。頭を柔軟にして思いつくしかないのだけれど、「頭を柔軟にしろ」と言っても、どうすればいいのかわからないのが、会社勤めの人間ではないか。

現実的な答えとすれば、崎陽軒における「当日キャンセルOK」のような、ちょっとしたカイゼンの実例を自分で探す。そうして、自分の仕事に応用するしかないだろう。

14 売れ残りを売り切る方法

地域一番の飲食チェーンというのがある。福岡や香川県には博多うどん、讃岐うどんのそれがある。また、関西では和菓子、洋菓子の地域一番のチェーン店がある。

そして北海道の十勝地区にあるのが満寿屋《ますや》というパンのチェーンだ。食パン、あんパン、カレーパンといった一個百数十円の商品を売っている町のパン屋さんである。しかし、同チェーンは道内に6店舗（東京に2店舗）で年商10億円。町のパン屋としては大成功している。

さて、持ち帰りの飲食物を商う店ならばどんな店でも必ず「売れ残り」の商品が出る。

売れ残りを毎日、自分たちで食べるわけにはいかない。しかし、翌日に残すと味が落ちるから、販売するわけにもいかない。どこの店舗も廃棄処分にしているのが通例だ。そして、廃棄にする分も含めて最初から商品の売価を見込んでいる。ある程度の数であれば廃棄するのは仕方がないと考えているのが大半だろう。

だが、満寿屋は売れ残りをなくすカイゼンをした。6店舗で残った分を帯広市内の飲食店街にある本店に集め、売れるまで店を開けておくことにしたのである。

飲食店街とはつまり、居酒屋、バー、クラブなどが集まる場所で、東京で言えば銀座の7丁目、8丁目、新宿の歌舞伎町みたいなところだ。

わたしも見に行ったことがあるけれど、夜の11時過ぎでも酔っ払ったおじさん客がアフターの女の子を連れて、パン屋に入っていく。

締めのラーメンの代わりにあんぱんやクリームパンを食べることもあれば、明日の朝ごはん用にと食パンを買っていくこともある。面白いことに、それは帯広の飲食店街の風物になってしまっている。通常、パン屋が深夜まで営業していることはない。ところが、やってみれば意外と需要はあった。ほとんど真夜中までに売り切れる。

売れ残った商品をゼロにするのならば、夕方から値引きするという手もあるが、満寿屋はそれはやらない。値引きを待つ客が現れるからだ。あくまで、売れ残ったものを1店舗に集約して、そこだけで値引きをする。

今では食品ロスという問題が出てきた。食べられるものを捨ててしまうこと自体に非難が集まっており、どこの飲食チェーンでも考えていかなければならない問題だ。飲食企業は売れ残りを廃棄せずになくすことに知恵を絞らなくてはならない時代なのである。

食品廃棄の問題を解決するためにも満寿屋のカイゼンは意味がある。

こうした、ちょっとした発想の転換はどの企業でもできる。しかし、従業員の残業代がかかるなどの理由をつけて、やらないところがほとんどだろう。

やらないための理由を探すよりも、やるために一歩でも前へ進むのがカイゼンだ。

15 「天ぷら半分」は、なぜカイゼンになったのか

満寿屋が売れ残った商品を一店舗に集めること、売れるまで深夜になっても売るのだと言ったら、ある編集者から「それは飲食業の常識とは違う」と反論された。

「売れ残りを夜中まで売ったら、味が落ちるでしょう。そんなことをしたら、その企業

の信用はなくなります」

はて、そんなものかなと思ったけれど、わたしは面倒くさいことはしないことにしているから、反論に対して直線的に再反論はしない。いつでもそうだ。反論に再反論したら、再々反論されてしまう。そうすると、今度はまたまた反論して……。だから、再反論はしない。

「再反論はしない」はわたしなりのコミュニケーションのカイゼンだ。だから、ディベートなんて、死んでもやらない。

それはそれとして、常識を鵜呑みにして信じて疑わない人にはカイゼンはしにくいと思う。かといって非常識なことを考えろというのでもない。みんなが常識だと思っていることに違和感を覚えたら、そのポイントを深く考えて解を探すことだと思う。

「残ったパンは廃棄に回す」

これが少し前までは常識だ。

しかし……。

問題「まだ食べられるものを捨てるのはよくない」

↓「では、値下げするか?」

↓「しかし、そうすると、値下げするまで買わない客が出てくる」

解「では、一度、すべての店を閉めて、一軒だけで残ったパンを売ろう」

常識にとらわれていたら、自分のくふうを模索しなくなる。

常識的な考え、常識的な手法を疑うことから始まるのがカイゼンだと言える。

さて、満寿屋と同じように、業界の常識、常識的な手法を打破しているのが日暮里にある立ち食いそば店の「一由《いちよし》そば」だ。駅の構内にあるわけではないのに、1日に千人の客がやってくる(24時間営業)。

この店が飲食業界の常識を破った顕著な例は「天ぷら半分」をオーダーできることだ。立ち食いそば屋のかき揚げ、春菊天、紅しょうが天などは円形だ。普通の店では円形の天ぷらは円形のままが商品のかたちだと思っている。真ん中から真っ二つにして売ろうなんて考えない。ところが、同店ではオーダーが入ると包丁で半分に切って、半円形でそばの上に載せてくれる。値段はきっちり半分。

客は「かき揚げと紅しょうがを半分ずつ」と頼むことができる。

そんなことをする店は一由そばだけだ。

カイゼンのカイゼンたるゆえんは包丁で半分にぶった切るところだ。

客のために少量メニューを出す店はある。普通は小さめの天ぷらを作る。そして、普通サイズの天ぷらが１５０円だとしたら、１００円程度の値段にするだろう。半額にはしない。しかし、この考え方は徒労だ。まず、わざわざ小さい天ぷらを揚げるのは手間がかかる。普通の大きさの天ぷらも少量天ぷらも揚げる手間は同じだからだ。そして、値段が50円しか違わないのならば、客は少量の天ぷらを頼むことはしない。普通サイズを頼んで、多ければ残す。

一方、包丁で半分に切って出すのは簡単だ。残った半分はまた他の半分の量が好きな客が注文してくれる。

実際に店で見ていると、自分の前にいた客が半分サイズを頼んでいたら、「じゃあ、オレもやってみよう」という客が必ず出てくる。半分がロスになることはまずない。

一由そばのもうひとつ、カイゼンが認められるところはリードタイムが短いこと。

リードタイムとは通常、工場に発注があってから製品が出ていくまでの時間だ。ただし、トヨタではもう少し、広い視野でリードタイムをとらえている。発注があり、サプライヤーが原材料を出荷して、工場で製品にするまでではなく、完成品が客の家まで行って、そして、代金が入ってくるまでをリードタイムと考えている。

一由そばのリードタイムは客が注文してからそばが出てくるまでの時間だ。

頼んでから10秒からせいぜい12秒でそばは出てくる。

だから、この店ではそばが出てくるのを待つ行列はできない。

都市部にある一部の立ち食いそばは高級路線に走っている。そばは生から茹でて、天ぷらは揚げたてを提供している。

それは「おいしさの追求」が飲食業界の常識だからだ。コンサルタントや評論家も「おいしい店が流行る」と思い込んでいる。

だが、その考え方は常識に安住しているにすぎない。

同そば店の主人は「常識じゃ儲からない」と断言している。

「いま、立ち食いそばって生めんを茹でる店が増えている。天ぷらも高級なタネを揚げて、値段も高くなっている。おいしいものを出して客を増やそうとしている。でもね、僕は違うと思うんだ。おいしい料理じゃ客は来ませんよ。だって、国じゅうのあらゆる飲食店がおいしい料理を追求しているんだから。同じことで勝負しちゃいけない。勝負するならサービスです」

そして、彼のやっているサービスとは天ぷら半分であり、リードタイムが10秒。誰でも真似ようと思えばできる。しかし、やらない。

業界の常識にとらわれている人は素直じゃないから、聞く耳を持たない。カイゼンの敵とは常識、特に業界の常識だ。

16　行動しながら考えろ

「やってみたい」と思ったら、提案する前にやってみる。

トヨタの工場におけるカイゼンを見ていると、カイゼンが好きな人とは上司に提案する前に、すでに自分なりに行動に移しているように思える。

たとえば、ラインのすぐ横にインパクトレンチ【註・ボルトやナットを回す電動あるいは圧縮空気を使ったレンチ】やドライバーなどを置いた作業台がある。作業者は作業台をカスタマイズして、使いやすくしているのだが、やってみて、「これはいい」と思ったことを提案するようだ。

日ごろの作業で、「なんか気になるな」と考える。

たとえばインパクトレンチを置く位置を変えてみたりする。位置を何度か変えて、また高さを変えて、ついには作業台の形状を変えてみたりして、いちばんフィットしたものを提案している。手を動かしながら考えている。

ただし、聞いてみると、そうではないカイゼンの提案もあるという。

「こうしてみたい」というプランを提案するけれど、それを実行するための準備もなく、ただの机上のプランを持ってくる。

ふたつの提案のどちらがいいかと言えば、それは行動しながら考えたプランに決まっている。

話は少しずれるけれど、「私も野地さんみたいに本を書きたい」と相談してくる人がいる。結構な人数である。しかも、定年退職が近くなった人が多く、ほとんどが書き方を教えてくれ、出版社を紹介してくれ、である。

そういう人の99パーセントは1字も原稿を書いてこないで提案してくる。

「このアイデアをどう思うか」と聞いてくるわけだ。

しかし、アイデアを聞いても何も判断できない。「書くつもり」という人の長い話を聞く時間もない。それよりも、アイデアを形にする。つまり、原稿を書いて持ってくれば、さらさらと目を通して、「ダメ」とか「よし」とか言えるのに……。出版社の編集者だって、「これから書こうと思います」という人の話を聞く時間はないだろうに……。

本を書くだけでなく、何かをしたいと他人に相談するなら、とりかかってからにしたらどうだろうか。

何の準備もなく「これこれがやりたい」という人に対応するのは、「Jリーグの選手になりたい」という小学生の相手をするようなものだ。

カイゼンするつもりなら、せめて何か行動を起こしてからにする。自分の身の回りで小さなことでいいから手を付けておいて、それを一般化したアイデアを携えて上司に相談する。実現性のあるカイゼンにはそういう手順がいる。

第4章　ためてはいけない

17　在庫は必要最小限

トヨタがトヨタ生産方式を広めていった時、生産管理、製造現場で方式を確立したのが大野耐一。『トヨタ生産方式』という本の著者で、トヨタでは副社長まで務めた。

ある時、大野が執務しているところへ、イトーヨーカ堂の創業者（現セブン＆アイ・ホールディングス名誉会長）、伊藤雅俊がやってきた。

「大野さん、トヨタ生産方式では在庫をゼロにしろとおっしゃっているようですけれど、日常品を売るスーパーではそんなことはできません。バックヤードの在庫をゼロにしたら、売り場に欠品が出て、お客さまが他の店に移ってしまいます」

大野は答えた。

「いいえ、私は在庫をゼロとは言ってません。在庫はあっていいのです。必要最小限の在庫は持ってかまいません。問題は在庫の量を増やしてもいけないし、減らしてもいけない。在庫の増減はプラス・マイナス・ゼロを保持する。これが大切なんです」

伊藤が帰った後、大野は「困ったことになった」と呟いた。

「伊藤さんほどの優れた経営者でさえ、トヨタ生産方式を誤解している。どうすればいいだろう……」

そんな煩悶があって、大野は『トヨタ生産方式』を著わしたのである。

生産工場でも小売店の売り場でもカイゼンの第一歩は在庫を必要最小限にすることだ。在庫をゼロにすることではない。

つまりは工場や倉庫などに商品を大量に保管するのをやめることだ。在庫が増えると倉庫などのスペースを借りるしかない。倉庫代、倉庫を管理する人件費がかかってしまう。工場内に保管しても管理の手間がかかる。

可能な限り在庫を少なくするのが利益を減らさないことに通ずる。

トヨタには生産調査部というセクションがある。そこは社内、協力会社、頼まれた会社へ行ってカイゼンを行う。そうして、赤字の企業を黒字に変えてしまうのだが、その時に最初にチェックするのが在庫の状況であり、滞留をなくすことだ。生産から消費者までのリードタイムを短くして、在庫を必要最小限にすれば、たいていの会社は黒字を出すことができる。

実際に、ある印刷会社はこれをやっただけで、2億円の赤字がすぐに2000万円の黒字に変わった。

18　コンマ1秒を削る

製造業でも小売業でも、在庫を必要最小限にするとそれだけでちゃんと利益は出る。それはトヨタ生産方式を知らなくとも、誰もが理解していることだったが、在庫をなくすには、くふう、カイゼン、労力のいずれもが必要だったので、なかなか踏み出す勇気を持てなかったのではないか。

実際に、在庫をなくすには、膨大な手間と時間がかかる。まず、作業の滞留をなくさなくてはならない。作業が滞留しているかどうかを判定するにはすべての作業に「標準作業」を設定しなくてはならない。専門家がストップウォッチを持って、作業を分割し、要素作業を割り出す。そうして、要素作業にかかる時間を測定して、ムダな動きを削っていく。

そうしたことから始まって、少しずつ在庫を減らし、契約していた保管倉庫をやめて、原材料から製品を一本の川の流れのようにしていく。

文字で書くと、誰でもできるように見えるけれど、指導は専門家でないと不可能だろう。本当に、コンマ１秒ずつ、ムダな作業を削っていくのだから……。

そうして、トヨタが「ジャスト・イン・タイム」で生産する体制を整えるには長い時間が掛かっているし、今でもまだカイゼンは続いていて、作業のムダをコンマ１秒ずつ削り続けている。

19　ファストファッションの売り切りじまいもトヨタ生産方式から

在庫量を多く持つことに疑問を持った経営者は少なくない。

大きな危機感を持ったのはアパレル業の経営者たちだ。洋服は普通の商品よりも数多くの在庫を持っていなくてはならない。

色、サイズ、季節、流行……。

人間の身体は人によってサイズが違うし、好みも違う。それもあってさまざまな色、サイズ、夏物、冬物などを作る。また、「今年はダルマみたいな形で裾を絞ったパンツが流行るはず」と計画して、流行になるはずの商品を大量に作って、倉庫で保管しておくこともある。寒い冬が長く続くといった予報があれば、冬物を多めに作ってしまう。

いつの間にか在庫が膨らんでいくのがアパレル業だ。そうして、在庫が膨らんで、結果として売れなかった場合は製造原価よりも安い値段でセールに回さなくてはならない。

一方で、店頭に出ている売れる商品には在庫とロスの価格が含まれているから、流行の洋服の値段はなかなか下がらない。

「在庫をゼロにしたらどうだろうか」

そう考えたのがファストファッションのZARA創業者、スペイン人のアマンシオ・オルテガだ。ZARAブランドを持つInditexは元々、アパレルではなく縫製工場だった。1985年にいくつかの縫製工場を集約し、Inditexというアパレル会社を立ち上げた。その後すぐにオルテガは地元の大学教授、ホセ・マリア・カステラーノを招聘し、IT部長に登用する。さらに、トヨタ出身の技術者を「ジャスト・イン・タイム」のコンサルタントとして入社させた。

１９８７年には卸売り事業をやめて、自社で企画、製造販売した自社ブランド製品を売り出した。

ＺＡＲＡはトヨタ生産方式を研究したが、そのものずばりを導入したわけではない。在庫を必要最小限だけ持つのではなく、在庫を持つことをやめてしまったのだ。ＺＡＲＡは商品を大量に生産したら、工場から各店舗に送り出して、売り切ってしまう。在庫として持たずに、売り切りでおしまい。つねに新商品を出す。

「３週間前のあの商品が欲しい」と客が頼んでも、「あれの代わりにこれをどうぞ」と新商品をすすめる。

ファストファッションが単価を安くできたのは売り切りのスタイルにしたからだ。

そして、アパレル業のなかのいくつかの会社はますます進化している。

大量生産による売り切りから、今ではＩＴを駆使した安価なオーダーメード商品に変わりつつある。

失敗とされているが、ＺＯＺＯが始めたＺＯＺＯスーツはその先駆けだろう。本部は身体のサイズをＩＴ技術で受け取り、客が店舗に行かなくともオーダーメードのスーツを手に入れることができるようになった。オーダーメードだから在庫にはならない。

今ではユニクロもさらに進んだシステムでオーダーメードを始めている。

ZOZOもユニクロもそして、アマゾンもいずれもトヨタ生産方式を研究して、自社の都合に合うようにアレンジしている。

これまた立派なカイゼンだと思う。

20　ジェフ・ベゾスの座右の銘「Kaizen」

トヨタ生産方式を研究し、採り入れているアマゾンの創業者、ジェフ・ベゾスはふたつの言葉を座右の銘にしている。

ひとつが「Still Day One」。もうひとつが「Kaizen」。

「Still Day One」とは、いつも新鮮な気持ちで仕事をしよう。自分たちはいつまで経っても大企業ではない。つねに設立1日目の会社だというふたつの意味を持つ言葉だ。

「Kaizen」は読んで字の如し。

日本人、アメリカ人だけでなく、アマゾンが進出する世界各国で、社員はカイゼンを身体に叩き込まれている。

21　おばあちゃんの七面鳥

どこの会社でも、「どうしてこんなことをやるのだろう」という仕事がある。

たとえば、ある会社で「社長がインタビューに出る時は必ず広報課長と若い女性の課員が立ち会う」というルールがあったとする。

なぜ、ふたりいるのか。しかも、なぜひとりは女性なのか。

理由を聞くと、以前に、スキャンダルがあった時、女性の広報課員が立ち会うことで、社会派ジャーナリストの鋭い追及をかわすことができたために、以後もそのルールが適用されてきたという。

しかし、考えてみれば、そのために広報からつねにふたりの人間が動員されなくてはならない。また、スキャンダルでもない普通のインタビューでは「ジャーナリストの鋭い追及をかわす」必要はない。それなのに、その会社では「昔からやってきたことだから」と社長インタビューにはふたりが立ち会うルールがいつまでも続いていた。

こういった「続いている理由がわからない」仕事をカイゼンする場合、トヨタのチームは相手の会社の人間に「この仕事も、おばあちゃんの七面鳥ですね」と言う。

それは、あるアメリカ人の家庭の話だ。

「おばあちゃんの七面鳥」

その家の娘は、「七面鳥料理のレシピは、尻尾と頭はちょん切ってオーブンに入れること」とお母さんから教わっていました。

しかし、娘は疑問に感じたのです。どうして尻尾と頭をちょん切って入れなきゃならないのか。

娘はお母さんに尋ねました。すると、お母さんは言いました。

「私にはわからない。私も母親、つまり、あなたのおばあちゃんからそう教わっただけなの」

そこで娘は、おばあちゃんの家に出かけていってレシピを聞くことにしたのです。

「どうして、尻尾と頭を切ってオーブンに入れるの?」

おばあちゃんは答えました。

「よくわからないわ。尻尾と頭を切った方が、七面鳥に詰めた野菜やら何かから出たガスが抜けて、おいしくなるんじゃないのかしら」

娘はなるほど、と思いました。ガスがよく抜けるなんて、面白い。これは誰が考えたのかと聞くと、ひいおばあちゃんだと言う。そこで娘は、ひいおばあちゃんの家にも聞きに行くことにしました。

「どうしてなの？」

ひいおばあちゃんは答えました。

「あのね、昔、わが家のオーブンは小さかったのよ。だから、七面鳥が丸ごと入らなかったの。それで、尻尾と頭を切ったのよ。丸ごと入るオーブンなら、尻尾も頭も切る必要はないよ」

このように、元々の理由を調べてみればいい。それをせずに、やる必要はない仕事を続けている例は世の中に多くある。身の回りに必ずあるのが「おばあちゃんの七面鳥」のような仕事である。

22　4Sしながらムダを探せ

工場で繰り返し指導されるのは4S。

4Sとは整理、整頓、清潔、清掃のこと。丁寧に掃除をして、いらないものを片付けること。周りがきれいになって、気持ちが明るくなるから精神衛生にいい。実はそれだけでもカイゼンだ。

物の片付けには上手な人と下手な人がいる。下手な人は机の上でも何でもただ積み上げているだけだ。それはなぜかというと、頭のなかが整理されていないから、目の前の書類が整理できないのである。片付けとは頭のなかが整理されているかどうかの反映だ。

片付けが上手な人を見ていると、とにかく物を捨ててしまう人だと言える。買ったばかりの事務用品でもいらないと判断すれば人にあげるか捨ててしまう。それを考えると、片付け上手な人とは物や人に未練のない人と言える。

片付けや4Sは人によって大きな差が出る。上手になろうと思ったら、頭のなかを整理して、未練を持たない性格に自分を作り上げていくしかない。

そうして、4Sをやりながら、「何かカイゼンできるところはないか」と考える。仕事をした後、大量に書類が残ったりしたら、仕事のやり方が悪いのではないか、もしくはこうした仕事はそもそもやらない方がいいのではないかと考えてみる。

工場の清掃をしながら効率化を考えるのならば、それを生活に当てはめてみる。それは入浴だ。入浴中に身体を洗いながら、自分の身体にムダがあるのではないかと考えてみる。

身体を洗いながら、腹のぜい肉が気になったら、そこで、なんでこんなになったのかをリアルに考える。それだけで、食欲がなくなるからダイエットになる。

４Ｓとは自分もしくは自分が働く場所の至らない点、みにくいところを直視することだ。そして、至らないところやみにくいところを直す。

23　ゴミから考える

これはトヨタの工場に限ったことではないが、場内の床に新品のねじが1本、落ちていたとする。あるいは作業者の足元に落ちていたとする。当然、拾う。新品だとわかる。しかし、絶対に使わない。

「落ちていた材料は使わない」のが原則だ。

それは見かけは新品でも、落ちた時にたとえほんの少しでも変形、毀損しているかもしれないからだ。また、見た目は同じねじでも、さまざまな種類がある。使おうとしても、ピッチが違えば入っていかない。

では、ねじが1本、落ちていたら、何を考えればいいのか。当然、ねじを拾う。不良品の箱に入れる。それから、どうして、ここにねじが落ちているかを考える。原因がわかるまで、ちゃんと調べる。原因がわかったら、ねじが落ちないような対策をする。

床に落ちたものから考えるのがトヨタのカイゼンだ。

似たことだけれど、切削した切りくずを見て、形状がいつもと異なっていたら、切削機械を調べてみる。切削機械の刃が摩耗していたりするケースがあるからだ。

この考えを展開していけば、たとえば、家庭のママは子どもたちの食べ残しを見て、さまざまなカイゼンができる。自分の調理技術を向上させるべきか、それとも子どもたちの好き嫌いを直すべきなのか。食べ残しから考えてカイゼンができる。

社員食堂のシェフだったとする。定食のうち、蓮根のきんぴらだけが手つかずだった。

「蓮根が嫌いなのか?」

「味付けがよくなかったのか？　甘すぎたのか？」

「ごぼうと人参にすればいいのか？」

「きんぴらをやめればいいのか？」

などと考えて、次々と変えてみる。そうして、食べ残しが少ないおかずを増やしていく。それがカイゼンの手法だ。考えてみれば、その道のプロなら自然にやっていることがカイゼンだ。

「でも、毎日、カイゼンを行うのは息苦しいのではないか？」

素人にとっては自発的にカイゼンを行おうとすることがハードルになるかもしれない。最初は誰か第三者に指導してもらうことだろう。指導してもらう相手は同じ仕事をしている先輩で親切な人。そして、プロであること。プロは自然のうちにカイゼンを行っている。人に教えることもまた自分の仕事のカイゼンに結びつくことをちゃんと知っている。そういう人を身近で見つけるしかない。

24　6割できそうならやる

トヨタの河合は、さまざまなカイゼン提案を受ける立場だ。

彼が長年、カイゼンの提案を受けてきて、気がついたことがある。

「勉強のできるやつは、計画の完成度を上げることに、エネルギーを使いすぎている」

――話を聞いとるとね、頭のいい人たちは何かやろうとすると、机上で計算やらいろいろやって、１００パーセントか１２０パーセントぐらいまで大丈夫と確信が持てるまで、提案してこない。

一方で、現場のやつらは60パーセントくらいしか計画ができてなくとも、やりたい、やらせてくれと言ってくる。

それで、現場のやつらに「やってみろ」とＯＫを出すと、一生懸命やるんだが、60か70の結果しか出てこない。

「なんだ、お前のカイゼンはそんなものか」と叱咤激励すると、そこからまた頑張って90くらいまでになる。

それでいいんだ。机上で１２０まで考えるより、60できたら、持ってこいとオレは言ってる。だが、30で持ってきたら、それは怒るよ。

１２０まで考えたって、現場に持ってきたら、必ず問題は出る。いろいろな用意をして、ああなったらこうなるとか、こうなったらああなるまで考えなくていい。１２０まで考えたって失敗することはあるんだから、それよりもスピードだ。失敗したって恥ずかしいなんて思わなくていい。やってみなきゃわからんのが現場のカイゼンだから。

25　ムダとは何か

ムダな作業とは何か。

トヨタの社長を経験した張富士夫はトヨタ生産方式を体系化した大野耐一の最後の弟子とされている。

文科系の出身で広報などの仕事をしていた張は、どうしたわけか大野に目を付けられて、晩年までそばで仕事をしていた。

ある時、大野が張を連れて、トヨタの組み立て工場のなかを歩いていた。

大野は張に「目をつぶれ」と言う。

目を閉じた張に大野は「聞こえたか?」と問う。

「何がですか?」

そう返事したら、「聞こえんか? 耳を澄ませ」と言う。

すると、聞こえてきた。近くにいた作業者が自動車を組み立てるためにインパクトレンチを使って、ねじを締めている音だった。

「聞こえました」

そう答えた張に大野は静かに言った。

「いいか。仕事とはインパクトレンチがねじを締める時間だけだ。あとは全部、ムダだ。お前の仕事はムダをなくすことだ」

レンチが回って、ねじを締めている時間以外の行動は「作業ではない」と大野は言った。

レンチを取り上げる、レンチを持って車体に近づくといった行動の時間をいかに縮めるかがお前の仕事だぞと大野は張に言い聞かせたのである。

言われてみれば、そうに違いないけれど、実際にはねじを締めるため車体に近づく動作はどうしても必要だ。ムダな作業とはいっても、作業に付随するムダは出てくる。

大野が言いたいことは作業に付随するムダではなく、純粋なムダを探して、そこをカイゼンすれば作業時間が減って生産性は向上するし、作業者は楽になって早く自宅に帰ることができるというものだった。

26 精神論はいらない

大野耐一は「一生懸命やれ」「頑張れ」とハッパをかける男ではなかった。言うことを聞かない上司、同僚、部下をじっと見つめて、「それはいかん」「こうやってみたらどうか」と繰り返し言った。じーっと見つめられると、それだけで同じ役員同士でも、視線に負けてすくみあがったという伝説もある。

トヨタの役員にもなった大野の部下は思い出話をしてくれた。

「存在がコワかった。だから、大野さんに文句を言うなんてことはできなかったんですよ。

僕ら若い連中が、昼休みに工場の休憩室でタバコを吸っていたんです。昭和30年代の話ですけれど。

突然、常務をしていた大野さんが入ってくるわけです。全員、一斉に立ち上がって直立不動です。上下関係が今よりも厳しかったけれど、それでも大野さんだけは特別でした。大野さんは『どうした。みんな座れ。タバコを吸うんなら、吸ってもいいぞ』と。でも、誰ひとり吸いません。ある男は手がぶるぶる震えてました。

あんなにコワい人って、もういないんじゃないでしょうか。怒鳴ったり殴ったりするわけじゃないんですよ。使命感にあふれた人だったから、ほんとにコワかった」

大野は「死ぬまでやれ」「頑張れ」「一生懸命やれ」といった言葉が好きではなかった。

ある部下がおそるおそる聞いたことがあった。

どうして、「一生懸命やれ」と言わないのですか、と。

大野はこう答えた。

「人に仕事を頼むとする。できなかったやつは必ず、『でも、僕は一生懸命やったんですよ』と言い訳をする。だから、オレは言わない。『できるようにやれ』。そう言うだけだ」

自分が言われる立場であれば、「頑張れ」「一生懸命やれ」と怒られるより、「できるようにやれ」と言われた方がはるかにつらい。言い訳ができないからだ。

トヨタ生産方式を体系化して、広めた大野耐一とはそういう男だった。

大野の言葉がもうひとつある。ある部下が質問した。

「自動車を作るスピードはどう考えればいいのですか？」

大野の答えはひとことだった。

「売れる速度で作れ」

手を早く動かせ、徹夜でやれ、工場のなかを走って移動しろ。そんなことはひとことも言わなかった。

売れる速度で作るのがジャスト・イン・タイムだ。むやみに早く作ったら、必要以上の在庫ができるだけだ。それも大野の言葉だ。

そして、製品が売れなくなったらカイゼンしていって、ひとつのラインで作っていたのをほかの製品と同じラインに載せる混流生産にしたりする。それでも売れなくなったら製品の発売を中止する。

当初の計画通りに作るのではなく、市場の売れ行きを敏感に察知して、フレキシブルに生産を考えるのがトヨタ生産方式だ。売れない製品ならば、製品自体がいらない。売れない製品は作らないのがカイゼンだ。

第5章　それでもたまってしまったら

27　儲かっていない会社は〝物〟がたまっている

生産と物流を念頭に置いて、具体的にカイゼンの手法を説明していく。

まず、カイゼンする前の段階でもっとも必要なのは、自社のダメなところを見つめるという自覚だ。

「自分自身のみにくいところを書けない人間は作家にはなれない」

初めて本を出した時、老編集者からそうさとされた。

「いいかね、キミが書くノンフィクションは日経の『私の履歴書』じゃないんだ。自慢は書かなくていい。また、原稿のなかに出てくるキミ自身が優秀だったり、金持ちだったり、ナイーブな若者でいることは読んでいると、いやらしく感じる。自分のダメなところ、みにくいところ、他人に話したくない部分を見つめて、そこを書くんだ」至言だなと思ったので、わたし自身は自著のなかでは、つねに「優柔不断で、反応が鈍くて、ゆるい原稿を書く男」として登場することにしている。しかし、ちゃんと書いておくけれど、実像はもう少し、まともだし、仕事ができる男だ（と思う）。

さて、プロのビジネスマンならば自社のいい点よりも、自社のダメなところを見つけて、そこをカイゼンする。

ダメなところとして浮かび上がってくる点はふたつだ。

ひとつは商品や仕入れた原材料がどこかで滞留していること。

もうひとつは仕事が流れていないこと。

もっとも仕事が流れていないから、商品や仕入れた品物の滞留が起こっているわけだけれど……。

トヨタでトヨタ生産方式を伝道しているセクション、生産・物流領域 統括部長の尾上恭吾は「儲かっていない会社には必ず滞留がある」と言う。

尾上は続ける。

「倉庫に行けば、儲かっているかいないか、誰でもわかります。

倉庫に行くでしょう、僕は小姑みたいに、指で商品のホコリを拭いたりするんです。それから聞く。

『これって何か月置いてあるの？』

すると、いえ、昨日着いたばかりの商品ですよ、なんて言うけれど、嘘ですね。ホコリがたまるはずないんだから。

ある物流センターに行った時、棚の商品がホコリまみれなんですよね。

『ここの倉庫にあるもの、どれぐらいたまってるんですか？』

『いや、うちはちゃんと物は流れてますよ』

『そうですか。その、あなた、氷河って知ってます？

氷の河と書きますから、氷河も河の一種ですよね。でも、河だけど、1年間で5メートルぐらいしか進んでないらしい。この倉庫が流れてるって言うけれど、どうですかね、氷河みたいなものですか』

いやあ、担当者、怒ってましたね。すごい嫌な顔してた。

私たちがやっているのはジャスト・イン・タイムなんです。いかに流れを速くするかがカイゼンのポイントです」

要するに、利益を上げようと思ったら、製品ができたら、倉庫に貯めてないで、すぐに消費者に届けて、金をもらう。金が入ったら原料を買って製品を作る。もし、売れなくなったら、その商品ではなく、他の商品を開発して売る。もっと言えば、今の商品が売れているうちに、体力があるうちに、新商品を出す。

仕事とは上記のことを淡々とやればいい。涙も勇気も感動も過剰な思い入れもいらない。淡々とやるだけだ。

売り上げがあるのに儲かってない会社は仕事と物が流れていない。仕事と物を流してやるのがカイゼンだ。

トヨタの車は海外では在庫販売をしている。販売店に車を置いて、客が来て気に入ったものがあれば買って帰る。どうしても滞留ができてしまう。

しかし、日本国内では注文販売だ。車種、シートの色、オプションを含めて客が注文したものを生産して、2週間前後で引き渡す。2週間とは車庫証明が出るのにかかる時間だ。滞留がないからトヨタは利益を出して、成長ができる。社員の給料も上げることができる。

これはトヨタ生産方式が形になった40年くらい前からのことだ。世界中に数ある自動車会社のなかでも注文生産ができるのはトヨタくらいのものだ。経済誌はトヨタの強さを数限りなく掘り起こして、書いているけれど、源泉はひとつ。トヨタ生産方式を守って、滞留をなくしているからだ。

たとえば、トヨタとA社が毎月、同じ価格の車を同じ数だけ売ったとする。在庫販売の会社は、ある台数がどこかで寝ているからヤードの経費がかかる。保守する人員の人件費もかかる。一方、注文販売はできた分だけ売れるから最小限のヤードでいいし、保守する人員の数も少ない。在庫販売と注文販売ではコストがまったく違う。同じ時間、働いても、給料が変わってくる。

客にしても、屋外駐車場に何日か置かれた車よりも、工場の門から出て、販売店を経由して届けられたフレッシュな車の方がいいに決まっている。

在庫をなくす、滞留をなくすのは仕事をするうえで、なおざりにはできない。だが、その点を従順に守っているビジネスマンはそれほど多くはない。ほとんどの人は一度に大量に作る方が安くできると信じて、作った後のことはまったく考えていない。

大量に作って、製造コストが下がったとしても、売れるまで置いておいたら金がかかる。販売価格は決して安くはならない。それよりも、注文生産にした方がロスの分の経費を載せなくとも販売価格を決めることができる。大量生産だからといって販売価格は安くはならない。

28　図式化する

では、滞留を見つけてカイゼンするために具体的にやることは何か。

①　物と情報の流れ図を作る。
②　リードタイムを縮める。
③　ムダを排除する。↓原価低減につながる。
④　物と情報の流れ図を再度作る。

物と情報の流れ図はトヨタのカイゼン担当が現場に入る時、必ず作成する。自動車の製造だと部品が３万点もあるから複雑な図になってしまうので、ここでは町のラーメン店を例にとって、物と情報の流れ図を作ってみる。

（図A）はカイゼン前のごく普通のラーメン店。

（図B）はカイゼンした後だ。

物と情報の流れ図では、まず物の流れを書く。ラーメンは左から右の方へ動いていって、完成する。四角で描いてある部分は工程だ。麺を茹でるとか、盛り付けといった製造の工程が描いてある。

図のなかの点線は情報（注文）の流れを表す。

基本的に情報（注文）は客から流れてきて、物（完成品、ラーメン）はお客さんに向かって流れていく。

点線になっている情報（注文）とは「ラーメン」とか「タンメンと餃子」といったものだが、ここではラーメンだけだ。餃子や鳥の唐揚げやマーボー豆腐まで加えると図が複雑になって説明しづらいし、理解もしにくいから簡単な図にしてある。

図Aのなかには、丸囲みでカイゼン点が書き添えてある。

「席に案内されるまで1分待つ」

「店員がメニューを持ってくるまで1分待つ」

「麺の茹で始めが遅い」

図A ラーメン店の物と情報の流れ図 ◆カイゼン前◆

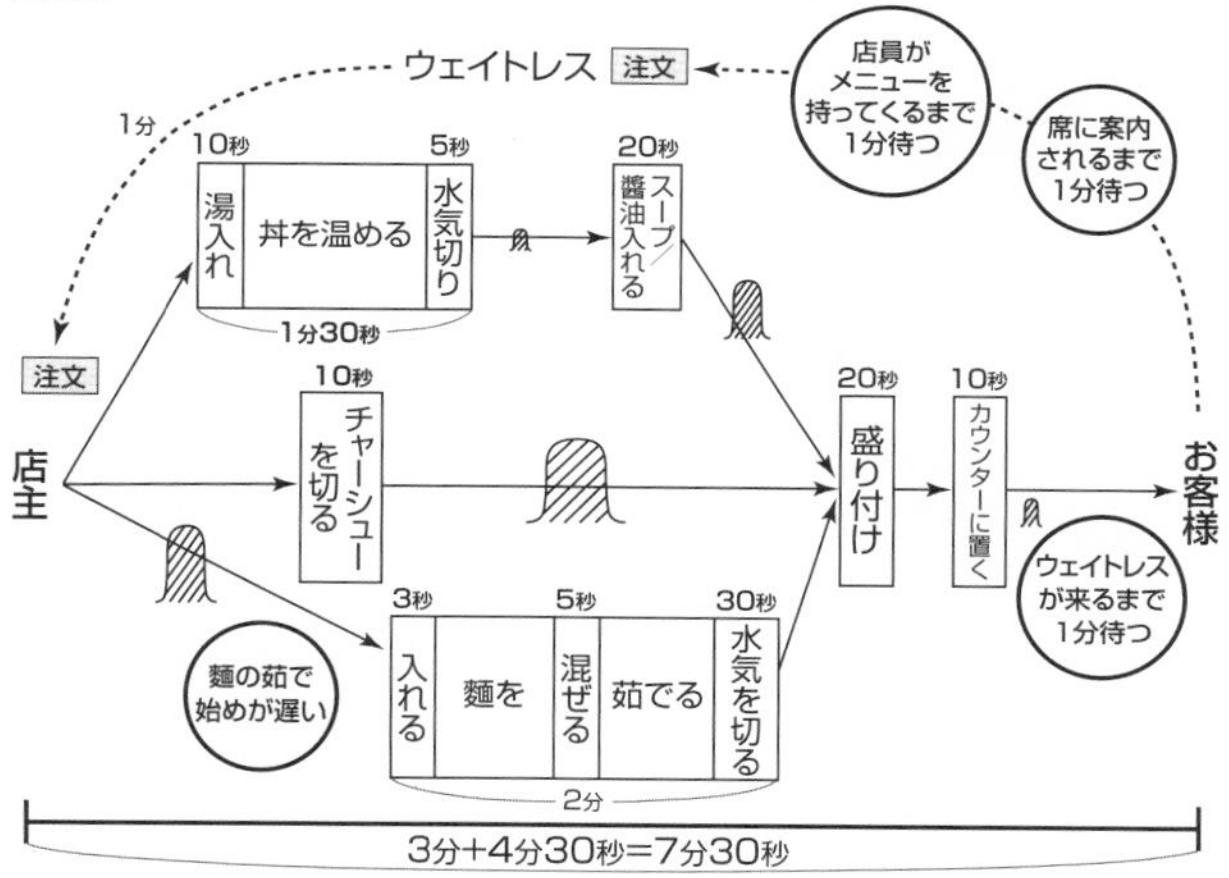

図B ラーメン店の物と情報の流れ図 ◆あるべき姿◆

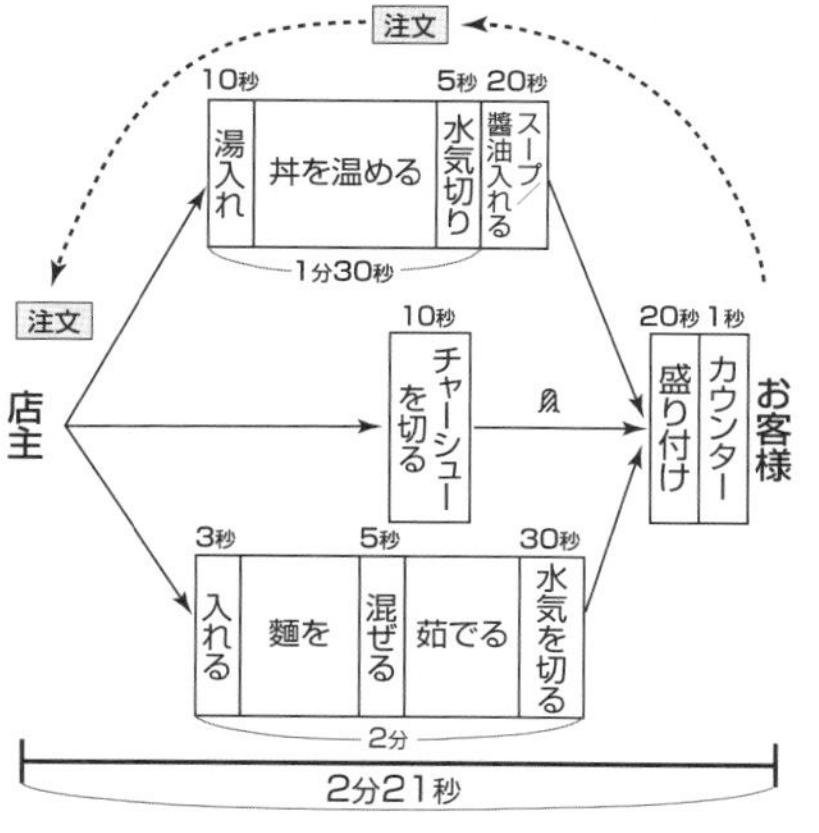

©トヨタ自動車（株）生産調査部

「ウェイトレスが来るまで1分待つ」

また図のなかにある斜線を引いた「山」の形のマークは物の滞留を表している。たとえば図Aの中央にある山のマークはカットされたチャーシューがまな板の上に長く置いておかれているという意味だ。山が大きければ大きいほど、滞留の時間が長い。山の大きさやカイゼン点は現場を見て、「物と情報の流れ図」をまとめながら書き添える点だ。

そして、カイゼンマンはラーメン店のカイゼンでもストップウォッチを持っていく。工程のなかに記載してある数字はストップウォッチで計測した時間だ。

現状の作業を図に落とし込んだら、それを眺めて、流れをシンプルにする。

以下がカイゼンの提案だ。

a　カウンター席だけにする。
b　メニューはカウンター席に立てて、置いておく。
c　注文はカウンター越しに店主に直接、言う。あるいは、タブレットでメニューを見て、入力するなどのくふうを考える。

こうしたカイゼンを行えば流れができて、しかも、オーダーを取るだけの従業員は雇わなくて済む。

29　カイゼンの前と後は何が違うのか

図Aを見ながらカイゼンの前後を見てみる。

カイゼン前はまず、丼に湯を入れて、温める工程がある。次にチャーシューを切る工程が来る。その後、麺を茹で始めていた。

カイゼン後はまず、空の丼に湯を入れて温めることと麺を茹でるのをほぼ同時に始めることにした。

茹でている麺をかき回したら、次はチャーシューを切る工程に移る。いちばん時間のかかる工程である麺茹でを最初にスタートさせ、茹でている時間に、丼を温め、チャーシューを切ることにしたのである。

ひとつの作業の空いている時間（茹で上がり待ち）に、別の作業（丼を温めること、チャーシューを切ること）を入れたことで全体のリードタイムを短くした。

これはあくまでカイゼンの例だ。

現場を見て、情報を集め、物と情報の流れ図を作っているうちに、どこを直せばいいかはわかってくる。流れをスムーズにして、作業の順序を考えればリードタイムを縮めるポイントが浮かび上がってくる。

ここまででカイゼンの半分はできた。

残りはムダの排除と原価の低減である。

ムダの排除はこの図には明確には表れていない。これは現場を見に行った者がその場でひとつひとつの作業をチェックして、必要かそうでないかを判断することになる。

ただ、ラーメン店の例でいえばすでに原価低減のアイデアはカイゼンの提案ａｂｃに現れている。どちらも店主がひとりで経営することを示唆している。ａは店舗の客席をすべてカウンターにしている。こうすれば従業員の人件費が浮く。ただし、店主の仕事は増える。

流れをシンプルにして、なおかつ客が欲しいものを欲しい順番に出すようにする。そのためには、客からの情報をちゃんと取る。

物と情報の流れ図をツールとして使うと、どんな仕事であれ、問題点がはっきりするのである。

職場の生産性を上げろという仕事を与えられたら、やることはこれだけだ。生産、物流の仕事をしている人たちには物と情報の流れ図を作成すればいい。

アフターコロナの時代になっても飲食店の過酷な状況は続く。飲食業の人たちはここにある物と情報の流れ図を見て、店の生産性を上げていくしか生き残る道はない、と私は思う。

30 機械をカイゼンする

さて、トヨタでは人間の動作をカイゼンするだけでなく、機械の動作もカイゼンする。

戦後、トヨタが乗用車を作ろうと思い、アメリカから大量の工作機械を買ってきた。それを据え付けて作業を始めたのだが、大野耐一以下のカイゼンチームは不満だった。溶接やプレスといった工程の機械動作が、実に複雑でスピードが遅かったのである。

そこで、彼らは英語で書かれたマニュアルを読み込み、不要な動作を取り去った。さらに機械や設備の保全をするチームと打ち合わせて、作業の安全を損なわないことを確認したうえで、機械が動く速度を上げた。ただし、速度を上げたと言ってもひとつの作業動作について0・5秒から1秒といったところだ。

たとえば同じ溶接機械が3台、並んで稼働していたとする。部品を3つずつ溶接し、次の工程へ流す。その場合、ふたつの機械は動作を10秒で終えたのに、1台だけが10・5秒だったら、全体の作業時間は10・5秒となる。

もし、時間がかかる1台の作業時間を0・5秒、カイゼンすれば、全体の作業時間も0・5秒、短くすることができる。

トヨタにおける機械のカイゼンとはそれほど細かい作業であり、ひとつの機械で作業時間を5秒とか10秒縮めようというものではない。0・1秒ずつ、カイゼンすることを考えるのが基本だ。

トヨタで生産のカイゼンをやり、今は販売のカイゼンを担当している、情報システム本部長の北明《きたあき》健一はこう言う。

「まず機械がやっていること、作業内容と時間の流れをみます。次に作業時間と物の移動時間をストップウォッチで計測して1枚の図に描きこみます。

それから、ここは０・１秒、削ってもいい、ここは少しスピードを上げる、ここは品質を保つために０・１秒、時間を増やそう……。そういったくふうをしてカイゼンしていくわけです。機械のマニュアルにあった通りの作業時間はたいてい、多めに見積もってあるので、そこを直していく。

ただし、自宅にある全自動の洗濯機の時間を縮めようとかはダメですよ。下手にいじると壊れますから」

31　ほんの少しでも変えてみる

北明は日常生活のなかでもついついカイゼンを考えてしまうという。

うちに帰る。玄関を入る。自宅の動線を考えて、カバンを置く位置を決める。カバンを置いた位置から最短のコースを通って寝室へ行く。そうして、パジャマに着替えて、最短のコースで居間のソファに座り、テレビをつけて酒を飲む。一連の動作、動線にはムダがない。

ただし、それがリラックスに結びつくのは彼がトヨタのカイゼンマンだからだろう。

そして、こういう話をすると、「窮屈だ」「家庭で几帳面に生活したくない」と反論する人がいる。

しかし、北明がムダを省いているのは几帳面な性格というよりも、むしろ、「うちのなかでも外でも遠回りするのが嫌い」「家では動くのを最小限にして、とにかくダラーッとしていたい」からだろう。几帳面な人間よりも、横着な人間の方が普段の生活では無意識のうちにムダを省くことを選択していることがわかる。

そして、家事を担う多くの人が「自分もそうしている」のではないか。

働いている、小さな子がいる、介護中など、家でのんびりできるどころか、玄関に入ったら、どこに何をどう置いてどう動くか、常に戦いで、何事も効率よくこなさなければならないという人も多いと思われる。

玄関、台所、洗面所や風呂場の水回りに何を置くか、どう片付けるか、効率を考えながら少しずつ改良を重ねていくのは、家庭生活において誰もが自然にやっていることだ。

また、その日の人数にあわせた食事や、翌日の弁当のために買い物をする時、まず何から買うか、どの店に行くか、複数の店を効率よくまわるにはどうすればよいかだって、ただ漠然と何度も行くのと、いっぺんにすませるのとでは、時間がまったく違ってくる。

トヨタ生産方式におけるカイゼンの考え方は窮屈なものではない。行儀のよさとか従来からの慣習、世間の一般常識を守れということでもない。

品質をよくするため、生産性を上げるためには自由に考えろということだ。

北明は取引先の企業を訪れるたびについつい考えてしまうことがある。

「受付を入って、エレベーターの前に来ると、一度に乗れなくて人が大勢、滞留している会社がありますよね。エレベーターの速度を上げるんじゃなくて、扉の閉まる速度を0・5秒でも短くしたら、滞留は解消できるんじゃないかな、とか。

混雑しているから仕方ないと思うのではなく、ほんの少しでも変えてみたらどうだろうと思うことがトヨタのカイゼンなんですよ」

第6章　大事なのは違和感と嫌悪感

32　カイゼンは仲間が喜んでくれるのが一番

工場現場上がりの副社長、河合満は「カイゼンは0・1秒の短縮でいい」あるいは「ねじ1本拾うのだっていい」と言っている。

「カイゼンは大発明をしろという意味じゃない。ちょっと動作を変えることで、0・1秒だけ、仕事が早くなればそれでいいんだ」

どんな小さなことでもいいから少しずつ前へ進めばいいということだ。

「そんな小さなことをやってどうするのか」とバカにするのでなく、ほんの小さなことから変えていくうちに、大きなカイゼンを思いつくということなのだろう。

河合が若かった頃の話だ。

作業を効率化するためのカイゼンをいくつも考えた。それも本人曰く「小さなカイゼンがほとんどだ」とのこと。

「ただ、仕事をしているだけより、休憩時間や食事中にカイゼンを考えるのが楽しかった」

彼が言うとおり、カイゼンとは面白いものであり、面白さの追求だ。

なんといっても、「真面目なやつより、横着なやつの方が向いてる」わけだから、常識とは違う解決手法をあれこれ考えればいい。暗記したり、本を読んで勉強するのではなく、仕事中であるにもかかわらず、常識では思いつかないくふうやら、自分にとって楽なことを考えていいということだ。子どもの頃、ボール１個でさまざまな遊び方をくふうしたのと同じことなのである。

人は工場で働くことを単純作業だという。同じことの繰り返しだという。しかし、あまりの単純労働だと眠くなったり、我を忘れたりして危険だ。工場で働く仕事とは結構、頭を使うようになっている。

カイゼンを考えるのはちょっとした息抜きでもあったのだろう。

カイゼンが採用されると会社から少額ではあるが賞金が出る。それは仲間の飲み会に使う。自分だけで独り占めするわけではない。

そんな河合がいちばんやる気になったのは、上司からの誉め言葉でもなければ賞金でもなかった。

「そりゃ、対番が喜んでくれるのがいちばんだ」

対番とは例えば二交替、三交替で作業をした場合、自分がいたセクションを担当する人間だ。

「自分がやったカイゼンで、相手も作業がしやすくなったら、相手も喜ぶし、こっちもまた嬉しくなる」

対番のことを考えて、やりやすいくふうを考えるなんてのは、雰囲気のいい職場なんだなと感じてしまう。

33 現場へ行く

生産現場、物流、販売、事務などすべてのカイゼンを考えるうえで外せないのは現場へ行くこと。

トヨタには「現地現物」というまことにストレートな教えがある。

「何か判断する場合、報告書だけではダメ。現地に行って現物を見ろ。トラブルの元を見てきた本人に聞け」ということだ。

トヨタの役員会で出席者が発表する時、「今年は去年より儲かりました」といった話はまったくウケないらしい。

社長、副社長は「それでどうかしたの？　そんな自慢は他の場所でやれば」としらーっとした顔になるという。

ところが、「ブラジルの工場でこんな問題が起きました」といったトラブルの話になると、社長、副社長はがぜん、やる気になって、目が輝いてくるという。

そして、トップがひとこと。

「で、現場を見てきたの？」

「いえ、報告を受けただけです」

幹部が答える。

そこで、またひとこと。

「じゃ、今すぐ見に行ってこい。現地へ行って見てこい」

報告した幹部は身の回りの品だけ抱えて、会議室から中部国際空港へ直行。そして、現地について、状況を把握して、カイゼン策を立てたら、現地から役員会に参加する。わたしはトヨタという会社は出張することに対して、お金を惜しまない会社だと感じている。そのくらい、現場へ行くことの大切さをよくわかっている。

確かに、リモートでも工場の様子や工作機械の様子を知ることはできる。だが、その土地の匂い、働く人たちの表情、トラブルに対する現地の人々の感想などは現地に出向いていかなくては感じ取ることができない。

百聞は一見に如かずである。

情報は文字や動画からだけでなく、五感で摂取するものだ。

34　効率よく集めて運ぶ

トヨタでは生産部門、つまり工場から始まって事務部門や社員食堂まで、さまざまなカイゼンが行われている。なかでも、力を入れているのが物流のカイゼンだ。

物流には3種類ある。

ひとつは部品をサプライヤーから仕入れてくる調達物流。

もうひとつはできあがった完成車を販売店まで運ぶ完成車物流。

そして、3番目がサービスパーツを販売店まで運ぶサービス部品物流。


このうち、調達物流は他のメーカーでも、また、飲食企業などのサービス業でも参考になると思われるので、ここに要点だけをまとめておく。

読者はここを読むだけでトヨタ並みの効率のいい調達物流、仕入れの物流を行うことができる。

従来、自動車会社に限らず、日本のメーカーが部品を仕入れる場合、サプライヤーがメーカーの工場の軒先まで部品を持ってきて、納入していた。古い言葉では「軒先渡し」という。

サプライヤーが納める部品代のなかに自動車工場までの物流費が含まれていたから、各社は自動車工場のそばに自社の部品工場を作った。遠くに工場を作ると物流費がかかって損になるからだ。

ところが、トヨタのように大きくなった自動車会社の場合、全国、海外にいくつもの工場を建設するようになる。工場が新設されるたびに部品工場も一緒についていければいいけれど、それができる部品会社とできない会社がある。

つまり、軒先渡しではだんだんうまくいかなくなってきた。それに、サプライヤーに納入をまかせていたら、各社が運搬のための車を走らせるから燃料の総量が増える。膨大な数のサプライヤーに支えられている自動車会社はCO_2排出を抑制するためにも物流システムを効率化しなくてはならなくなった。

そこで採り入れられたのがミルクランだ。

ミルクランとは「巡回集荷」と訳される。複数の仕入先から原材料や部品を仕入れる場合、メーカーもしくは委託された物流業者が決めたルートに従って、サプライヤーから部品を集めてくることである。

ミルクランの利点はいくつかある。

各サプライヤーの荷物をまとめて載せるので、積載効率を上げながら、集荷回数を増やすことができる（多回集荷）。一社では、一日当たり一回分の荷量しかなくても、数社合わせることにより、一日数回に分けて集荷することができる。つまりジャスト・イン・タイムのレベルを上げることができる。また、各サプライヤーがそれぞれトラックを仕立てるよりも、少ないトラックで運ぶことができるので、工場周辺の渋滞が少なくなるし、また環境へ与える負荷を抑えることができる。

メーカーとしてはミルクランのルートを作ったり、物流会社と打ち合わせを重ねたりしなくてはならないから仕事は増える。しかし、ジャスト・イン・タイムのレベルと物流の効率はよくなる。

コンビニの配送もかつてはビール、牛乳など各メーカーが自系列の物流会社に配送を委託していたが、今ではほとんどがミルクランに変わっている。

北海道のコンビニチェーン、セイコーマートに至ってはこれまでミルクランには載らなかった書籍・雑誌まで1台のトラックに混載して各店舗に運ぶようになっている。

物流のカイゼンはどこの企業にとっても必要不可欠な業務だ。

35　トヨタの社員食堂のカイゼン

トヨタの工場にある社員食堂に行くと面白い。トヨタ生産方式によるカイゼンの考えの一部が形になっている。客が社員食堂の入り口に到達してから、食事を口に運ぶまでのリードタイムを短くするためのくふうがなされている。

昼休みになると、どこの会社でもそうだけれど、人が一斉に食堂に殺到する。短い休み時間のなかで食事を摂らなきゃならないのに、ちょっと遅れていったら、行列の最後尾に並ばなくてはならない。食べたいおかずも残っていない。イライラして、食堂のおばちゃんに食ってかかるものも出てくる。やっと食事を手にして、テーブルに座り、醤油を垂らそうとしたら、容器の醤油は一滴も残っていない……。

社員食堂に限らず、オフィス街のレストランのランチタイムでも、よくある光景だ。ところがトヨタの社員食堂では、行列が短くなるようなカイゼンを行っている。コロナ危機の前から密集が起こらないことを考えていた。

まず、食堂の入り口から食事を受け取るカウンターまでは赤、緑、黄色などの線が床に描いてある。赤は「今日のランチ」、緑はパスタ類などの洋風のおかず、黄色が麺類だったりする。すると、うどんが食べたい人は黄色のラインに並び、今日のランチが欲しい人は赤いラインを選べばいい。床にラインを引いただけで、行列の長さは3分の1になる。

まあ、こうしたちょっとしたカイゼンがいくつもあるから、行列は少しはできるけれど、カイゼンがゼロの状態とはまったく異なる。

さらに、社員食堂で働く側にとっても仕事が楽になったカイゼンがある。社員食堂で常備されている醬油、ソースなどの調味料は各テーブルに置いてあるのではない。客がトレーに食事を載せた後の「調味料テーブル」にまとめて置いてある。

とんかつを選んだ人は調味料テーブルでとんかつにソースをかけて自分が食べるテーブルに向かう。刺身を取った人は醬油を小皿に入れて、食べるテーブルへ向かう。ソースや醬油の容器はいくつも置いてあるので、たとえ、ひとつの容器の中身が空だったとしても、中身が入っている別の容器からソースなり、醬油をおかずにかければいい。

ちょっとしたカイゼンだ。だが、醬油をテーブルに配置したり、中身を注ぎ足したりする作業がなくなり、人手がいらなくなる。その分、昼食時の調理や盛り付けに人員を振り向けることができる。なお、コロナ危機で食堂の様子は少し変わった。行列はできても短いのは変わらない。間隔を空け、入口で消毒を徹底している。サラダバー、取り放題だったねぎ、鰹節もなくした。椅子の数も半分にした。状況に対応して素早くカイゼンしている。

食堂のカイゼンは考えるだけで楽しい。人間はこうしたカイゼンには集中する。ゲーム感覚で必死になってカイゼンする。結果はすぐに見えるし、あれこれ考えるだけで食欲が湧いてくるカイゼンだからだ。

たとえば、「行列を少なくするには早ゆでのパスタを使えばいい」といったプランがあったとする。

すると「いや、味が落ちるのはカイゼンではない」といった意見が出てくる。

食堂のカイゼンを見ていると、カイゼンは楽しい気持ちでやった方がわくわくする魅力的なアイデアが出るとわかる。

36　走ってまでやる作業はない

やってはいけないカイゼンがある。

生産、物流から事務、販売、そして、食堂のカイゼンに至るまで、生産性向上のためだからといっても、やってはいけないことがある。

それは……。

どんな仕事、作業であれ、「走ってまでやることはない」。

年末で忙しいからと、走ることを前提にして生産計画を立てたり、急いで手を動かせと言ったり、また、ラインのスピードをむやみに上げることはトヨタでは許されていない。

理由は簡単だ。忙しい時期でも、そうでない時でもひとり当たりの一日の仕事を平準化することがカイゼンの前提だからだ。

忙しい時は忙しい部署に人手を増やす。忙しさがなくなったら、余った人は他の仕事に移る。その場合もまったく別の仕事をするわけではない。似たような仕事をやる。

トヨタでは万能工を育成していない。かといってひとつの仕事しかできない単能工でもない。自分の仕事と似通った仕事ならできる多能工を養成している。

ライン作業であれば、自分の受け持ちだけでなく、両隣の仕事とそれに似た仕事はやることができる。

事務で言えば、広報だとしたら、マスコミに対応するだけでなく、工場見学の案内、広報誌、ＰＲ誌の編集、写真撮影くらいはこなすし、海外取材の時は英語の通訳くらいはやれる。

広報の担当が誰であっても、他社であれば３人プラス専門家がやるような仕事を誰でも一人でやってしまう。忙しい時も代替が利く。

多能工的な人材を育てることは仕事を平準化することに役立つ。

それに、仕事や作業とは毎日やることだ。走りまわって仕事をしていたら、へばってしまうから、長年、続くわけがない。

楽になると思うから、人はカイゼンしようと思う。手を早く動かさなきゃいけないような規則を強制したとする。すると、どんな真面目な人間でも手抜きしてでも楽をしようと考える。

「楽になる道を考えて実行しろ」と言った方が人は、やる気を出すのである。

37　ＢＭＷの逆転の発想

前述のように、カイゼンを考える時、重要なのは働く人が「楽になる」ことを考えて導入することだ。トヨタでなくとも、そういった見地から改善している企業は実は何社かある。

矢崎総業という会社が作っている自動車部品、ワイヤーハーネスにおいても「作業者が楽になる」ための設計がなされている。

ワイヤーハーネスは自動車のなかにある電気系統をつかさどる導線だ。バッテリーや発電機からヘッドライトやカーナビなどの電子部品、通信機器まで電気を供給する配線器具で、複数の電線が束になっている。

電線の一種だから、金属製だ。長くて束になっているから、生産ラインで働く作業者が持つとかなり重い。

自動車一台でワイヤーハーネスに使用される電線は５００〜１５００本にもなり、すべての電線の長さを合わせると約２㎞、重さにすると約20㎏とされている。

矢崎総業の設計者に話を聞くと、製品設計のポイントは電線としての性能を追求するだけではないとのことだった。性能もさることながら、ラインの作業者が「張りやすい」ものにするのが大事だという。

わたしは生産ラインに流れてきた車にワイヤーハーネスを張る作業風景を何度も見ているけれど、確かに楽な作業とは言い難い。

作業者は重い電線の束を持って、まず車の内部にもぐりこむ。それから車内に張っていくのだが、天井を這わせる電線については上を向いて、重い電線を持ち上げて固定しなくてはならない。

そこで、矢崎総業の技術者はワイヤーハーネスを長いままではなく、分割することにした。しかし、単に短くするとコネクタ【註・電線同士あるいは電線と器具を接続する部品】を付けなくてはならないから総重量は増してしまう。そこで、軽量化しつつ、分割したのである。そうすれば作業者の負担は減る。

しかし、ワイヤーハーネスを張る作業のカイゼンは軽量化だけではなかった。作業者の負担を軽減したいと思ったBMWはさらにカイゼンを図ったのである。

BMWは生産ラインを画期的に変えた。工場にある組み立てラインでは天井部分にワイヤーハーネスを張ったり、パネルを組み付ける個所に来ると、車が上下逆転するのである。タイヤ部分が上に来る。すると、これまで天井に張るために持ち上げていたワイヤーハーネスを下に向けてセットすればいい。

ラインの設備を変えるために大金がかかっただろう。さらにさまざまな技術を投入しなければならなかっただろう。それでも、働く者にとってみれば作業内容が劇的に変わった。ワイヤーハーネスだって、持ち上げるわけではないから、多少、重くてもよくなったのである。

新書がもっと面白くなる

2020

7月の新刊

新潮新書

毎月20日頃発売

新潮社
〒162-8711 東京都新宿区矢来町71 TEL.03-3266-5111 https://www.shinchosha.co.jp

カイゼンとは作業者が楽になること。重い部品を軽くするだけではなく、重い部品を持ち上げなくても済むようにすればそれは目的にかなったことだ。

38　最大のカイゼン＝新しいもの

カイゼンは何もすべてがトヨタ生産方式の公式に則ったものでなくともいい。ZARAの創業者だって、自社の都合に合わせてアレンジしている。また、トヨタ生産方式を体系化した大野耐一だって例外を認めている。彼は「中間在庫を持つな」と厳しく指導していたけれど、オイルショックで塗料が手に入らなくなった時、「この塗料の製品だけはどんどん作って在庫にしろ」と命じた。

目の前の現実に対してフレキシブルな対処をすることがカイゼンだ。

そして思うに、もっとも効果があるカイゼンとは、これまでに存在しなかった新しい商品をリリースすることだろう。

「新しい商品」というと、すぐに出てくるのが「未来」とか「夢」という陳腐な枕詞をつけた商品だ。昭和の頃の日本では「21世紀型」なんてネーミングの家電や自動車もたくさんあった。

しかし、時間を経て、あの頃にとってみれば未来となった現在、「未来」「夢」「21世紀型」の商品はきれいさっぱりなくなっている。

考えてみれば新しいもの、これまでになかった製品とは決して好評をもって迎えられたものではなかった。

日本画家の千住博は「これまでの範疇になかった芸術作品って、向かい合った時、何と評していいのか、一瞬、言葉を失うんですよ」と言っている。

一緒にニューヨークで美術館巡りをした時、彼は現代美術の作品を前にして、何度もそう呟いた。そして、続けた。

「これまでになかった作品っていうのは、大きな違和感とかすかな嫌悪感を抱かせるものじゃないかな」

確かにそうだ。

美術の歴史でも、「それまでにはなかった」印象派の作品は、初めて出てきた頃、さんざん酷評された。大きな違和感とかすかな嫌悪感を持って迎えられた作品だった。

ピカソだって、出てきた頃は破壊者と思われた。

音楽だって、そうだ。

ジョン・レノンの曲はポール・マッカートニーが作った『レット・イット・ビー』とか『イエスタデイ』のように、すぐに受け入れられたわけではない。

ジョン・レノンは『イマジン』や『ヘルプ』のようなメロディーラインが聴きやすい曲も作っている。しかし、彼の真骨頂は『Come Together』とか『I Am the Walrus』とか『Happiness Is a Warm Gun』ではないか。一聴して、この3曲を名曲と感じるのは一般の人間には不可能に近い。それまでのロックとはかなり違うコンテクストの曲だからだ。

新しいとは印象派の作品とかジョン・レノンのある種の曲のように、それまでは存在しなかった種類のものだ。

それまで似たものを見たことがないと、最初、人は違和感を持つ。

現に、スマホだって、発表当初はそのデザインが不評だった。わたし自身「不格好なケータイだな」と感じた。ところが機能がガラケーを凌駕していたから、すぐにデザインに慣れてしまった。

新しい商品を作ろうと思ったら、人がやったことのないものにすることだろう。

ただ、口で言うのは簡単でも、具体的に、これだという例を思いつくのはなかなか難しい。

ただし、はっきり言えることがひとつある。新しいと思って作ったものを他人に見せることだ。その人が言葉に詰まったり、違和感を抱いているようなら、見込みはある。逆に「すばらしい」とか「絶対ウケる」と言われたら、もう一度、考え直した方がいい。新しいものに対して、的確に評価できる人はいない。

第7章　人間相手の仕事をカイゼンする

39　頭を下げることが一流のカイゼン

サービスと販売（営業）の仕事は、簡単に言えば「人間相手の仕事」ということになる。ここでは、そういう仕事でのカイゼンのヒントを挙げてみよう。

生産、物流の現場における４Ｓのような基本的なことが、サービスの現場における「頭を下げる」ことだろう。

サービスは他人からお金をもらって、何らかの行為をする。人にものを教えることでも、それはサービスだ。威張ったり、上から目線で行うことではない。

かつては料理人のなかに、「お客さん、最初からマグロを注文するのはやめてくれ」とか「うちは私語禁止。おしゃべりする客は来なくていい」などとやたらと猛々しい人がいた。

「気に入らなければ帰ってくれ。うちは味で勝負する」

そういう人もいた。

自動車教習所の教官でもかつては「ほら、お前、何やってるんだ。ちゃんと前を見て」と生徒を叱り飛ばす人がいた。

名門ゴルフ場のキャディにも、「お客さん、もうちょっと練習してからうちにいらっしゃい」という人がいた。

しかし、威張るサービスマンは現在ではほぼ絶滅している。

客は態度のデカいサービスマンには近寄りたくない。それに、食事をしに行ったのに、説教されるのは嫌なのだ。

黙々とサービスをして、静かに一礼をするウェイターにサービスされると、わたしはとても得したような気になる。お金を支払っているのはこちらなのに、黙って頭を下げる人にはかえって恐縮してしまう。

ああ、この人は自分の仕事に絶大な自信があるんだなと思ってしまう。

クリエイターでもいいし、営業マンでもいい、経営者だって同じだ。

いい仕事をする人は頭を下げる人だし、感じがいい人だ。エラそうな態度をとる人ではない。

本物のサービスをする人はまず、頭を下げることを身につけている。

40 セールスでは「この人嫌だな」と思わない

世の中の多くの人がやっている仕事が対面営業、すなわちセールスだ。

実際には自動車販売などは自宅への訪問などは行われなくなった。自宅へ行っても不在が多いし、また、知らない人がベルを鳴らしても出てくる人はもういない。現在、自動車販売店が車を売るためにやっているのは店舗を魅力的にすることだ。カフェやギャラリーを併設し、客が訪ねてみたいというスペースに改装している。もしくは自店舗やショッピングセンターの駐車場にテント張りの販売スペースを作り、客がいるところへ行って、カタログを配布したり、子どもたちに文房具や風船をサービスする。客のいるところへ店が押しかけている。

では、残っているセールスマンとはどういう人たちなのかといえば、B to B の担当だ。

つまり、タクシー会社、社用車を買う会社といった企業に向けて車を売るために対面営業をやっている人たちである。

そんな対面営業の人たちには売れる人と売れない人がいる。しゃべるのが上手だからと言って売れるわけではない。商品知識があるからと言って売れるわけではない。美男美女だから、笑顔がチャーミングだからと売れるわけではない。

売れるのは紹介者がいる人。もしくはネットのレビューで評価が高い人。そして、サービスがいい人。

サービスがいい人にはふたつの共通点がある。

ひとつは客に会った時、「この人嫌だな」と思わない人。

これを教えてくれたのは、かつてベンツのナンバーワンセールスマンだった人だ。

彼は往時、住宅街に出かけていって無差別に飛び込み販売をして結果を残したが、ある時、こう言った。

「自分は誰に会っても、『この人嫌だな』と思わないようにした」

客だって善人ばかりではない。ケチなやつ、気持ち悪いやつ、自慢ばかりするやつ……いろいろいる。営業マンだって人間だから、気が合わない相手もいれば気にくわない他人がいる。

だが、モノを売ろうと思ったら、相手の肩にフケが雪のように積もっていようが、鼻毛を抜きながら返事をしようが、「あっ、この人、苦手」とか「こいつ嫌い」とは思わないようにする。もしくは心の底では「バカだな」と思ってもかまわないけれど、絶対に顔には出さないこと。

この点は営業マンに限った話ではない。

マスコミ、ネットメディア、わたしのように取材をする人間も、大勢と会い、話をする。事件を追う記者だったら、泥棒、詐欺師、汚職役人、腐敗警官といった最低の人間たちにも会うだろう。しかし、だからといって、「こいつ、嫌だな」と顔に出してはいけない。相手がたとえ、人間のクズであっても、取材する側はコミュニケートするのが仕事だ。笑顔を作らなくともいいけれど、嫌悪感を丸出しにして、人に会うのは生産性の高い仕事とは言えない。

41　自分を甘やかさない

もうひとつ、サービスがいいと言われる人たちに共通するのが「自分を甘やかさないこと」だ。

営業マンの仕事は月々の販売成績が評価基準になる。ノルマ（目標、コミットメントと言い換えているけれど、要するにノルマ）を達成すれば上司から覚えめでたくなるし、達成しなければ「指導」を受ける。

先述のトップセールスだったベンツのセールスマンが決めていたことが、決して自分を甘やかさないことだった。

では、それはどういう意味か。

たとえば月々のノルマが新車10台を売ることだとする。ある月の20日までに10台を売ってしまい、さらに、３台の受注を取れたとする。

「この3台は翌月の受注にしよう。そうすれば来月は7台を売ればいい」

一般のセールスマンならこう考えるだろう。それが常道だからだ。

しかし、彼はそうはしなかった。数字の操作をしたことは一度もなかった。その月の成績を13台にして、翌月、またゼロから頑張った。そうして、第一線でいる間、ノルマが未達成だったことはない。

「翌月に繰り越した先輩セールスマンを見ていたら、たいてい、ノルマを達成できませんでした。安心してしまうんですよ。安心したセールスマンは売れません。いつでもハングリーでいた方がいいし、セールスマンって、台数を売れば売るほど、お客さんが新しいお客さんを紹介してくれる。自分を甘やかしちゃいけません」

42　従業員は並んで立たない

戦後最高のウェイターと呼ばれた人がいる。赤坂にあるグラナータという老舗のイタリアンレストランでウェイターから始め、専務取締役になった男だ。

彼の接客術を聞いていると、頭を下げるとかスマイルといったその場限りの丁寧さを追求したわけではないことがわかる。人間観察をして、人間の心理を読んだうえでの行動が彼の接客だ。

そして、彼が提案したサービスのひとつは店内では従業員は並んで立たないことである。

「お客さまは従業員同士が寄り添って話をしていると、自分のことが話題になっているのではないかと疑心暗鬼になります。お客さまの気持ちを察して、並んで立たないようにしました」

また、客がいる間はたとえ閉店時間を過ぎていても、テーブルの上にある調味料を片付けたり、テーブルクロスを外したりはしない。クローズ間際でもゆっくりと食事をしてもらうのが飲食店におけるサービスだから。

最後に彼が肝に銘じていたのが接客の時の言葉には必ず心を込めること。

「あざーす」とぞんざいに感謝のあいさつをしゃべることは絶対にしない。

なぜか。

彼は教えてくれた。

「映画の黒澤明監督は役者の演技をチェックする時に3つのセリフに注目したそうです。

『ありがとうございます』

『いらっしゃいませ』

『かしこまりました』

この3つは心がこもっていないと、とても不自然に聞こえる言葉だとのことでした。私たちウェイターにとってこの3つの言葉は大切です。試しに、どこの店でもいいから、この3つの言葉をちゃんと聞いてください。心が込められた言葉かどうかすぐにわかります。私でさえわかります。ですから、お客さまが聞いたらすぐにわかる言葉なんです」

サービス、接客ひとつでも、カイゼンにつながるのは独自の考え方だとわかる。そして、その場限りのことではなく、大きく深く考えることだろう。

43　商品やサービスのカイゼンは客の都合を考える

仕事で使う道具は与えられたものだ。生産現場で使うインパクトレンチ、ドライバー、事務の仕事で使うPC、スマホなど。上司から、「これをやってくれ」と言われた宿題のような仕事……。

こうしたものはすべて与えられたものだ。与えられると、なんとなく嬉しい。タダで自分だけが使えるものが手に入るという単純な喜びで、なるべくきれいなままにしておきたいと思う。しかし、そうしたツールはいつまでも与えられたままの状態では生産性は上がらない。怒られない範囲で、または上司に軽く相談して、自分自身が使いやすいようにするべきだと思う。

「鍛造現場で鍛造品を取り出す鉄の箸は、昔はみんな自分でこしらえた」

とトヨタ自動車の現場でながく働いた河合は言う。炉のなかから鍛造品を取り出すための鉄の箸は既製品もあったけれど、むしろ、自分が使いやすいように、鉄の棒を鍛えて作ったという。

その職場で長く働こうと思ったら、ただただきれいに、大切に道具を使うのではなく、使いやすいようにすればストレスが減る。

与えられた仕事だって、それだけを言われた通りにやっていたら、主人の言うことだけをやる召使みたいなものだ。何年たっても、同じ仕事を同じ時間でやる人のことを主人は認めなくなってくるだろう。

道具だけでなく、与えられた仕事をカイゼンする時は、自分が少しでも楽になることを考える。

ただし、自分が創造した仕事、自分が口説き落としたクライアントとの仕事はまた別の話だ。

会社から与えられた仕事のカイゼンはとにかく自分の時間と手間を省くことだけ考えればいい。

会社経営者や有名人にアポイントを取る仕事があったとする。メールを送るか、電話をするか、手紙を書くかだろう。しかし、「なかなか会えない人」はなかなか出てこない人でもある。正攻法でコンタクトしても、おそらくどれも功を奏さないだろう。そういう場合はまず社内もしくは自らの知人で、少しでも伝手《つて》のある人を探す。ほんの少しでも接点があればそこからコンタクトの方法を考える。

与えられた仕事の場合は自分がどれくらい時間と手間を使うかを見積もり、なるべく早く片付ける。

トヨタ生産方式では「人間ができることだけ人間がやる」というルールがある。機械にできることはできる限り機械にやらせる。

人間ができることとはすなわち、人間にしかできない発想がある仕事だ。仕事をしていくうちに、問題点を見つけて、カイゼンしていく。そうして成長していかない人間は、人間の仕事をしていないことになる。

わたしは、与えられた仕事とは機械でも置き換えが可能な仕事だと思う。アポイントを取るなんて仕事はそのうちにＡＩがやるだろう。指示された仕事、与えられた仕事はいずれ機械がやるものと思った方が無難だ。だから、自分の時間と手間をなるべく節約する。

その代わり、自分が新商品やサービスを考える場合はきっちり働く。全知全能を込める。重要なのはこの場合は自分の時間と手間を惜しまないことだ。

また、新しい商品やサービスを創造する場合は客もしくは使う人の都合を考える。客が時間と手間を節約できる商品を考える。

乗換案内のアプリなど最たるものだ。乗換案内のアプリを開発するには膨大な手間がかかったと思う。一方、使う人は「便利だから」「乗換を考えなくていいから」「手間がなくなるから」アプリを入れる。

カッコいいデザインでデコレートしても、有名人が推薦しても、客にとって手間がかかる商品やサービスは売れない。

44　ぎょうざの満洲はなぜ小ぶりの中華鍋を使うのか

ツールのカイゼンの典型と言えるのが、ぎょうざの満洲だろう。

ぎょうざの満洲は中華料理のチェーンで店舗数は90軒。東京都下と埼玉が中心だが、関西地区の大阪、兵庫にも10店舗ある。

中華料理のチェーンには餃子の王将、日高屋、幸楽苑といったところがあるが、ぎょうざの満洲は個性的だ。なんといってもメニューが徹底的に健康志向である。カロリーは抑えめで、皿に油が残っていたりはしない。使っている野菜はザーサイ、キクラゲ、筍、椎茸をのぞいて、すべて国産。しかも、自社農場で作った野菜が全体の3割を占める。米、小麦粉、豚肉、鶏肉も国産。牛肉だけはオーストラリア産だ。麺に使う小麦粉は栃木県産で、餃子の皮の小麦粉は北海道産だ。

グランドメニューに載っている揚げものは「鶏の塩唐揚げ」だけ。以前は唐揚げにこってりした甘酢あんがかかっていたらしいが、女性社長が「カロリー過多だから変えよう」といったために、塩味の唐揚げに変わった。

極めつけはライスだ。白米と玄米があり、客は好きな方を選ぶことができる（一部の店は白米だけ）。チャーハンに至っては白米と玄米を半分ずつ使用したものが定番だ。

飲食チェーンで健康志向を謳うところは少なくない。しかし、玄米をここまで前面に押し立てて、ヘルシーさを追求しているのは、ぎょうざの満洲だけだろう。

店舗をのぞいてみると、調理、サービスともに女性が多い。はっきり言うと、地元のおばちゃんたちだ。

そこで、ツールをカイゼンした。

ぎょうざの満洲では女性が扱いやすくするため、中華鍋を小ぶりのそれに変えた。従来型の中華鍋ではチャーハンを作る時、片手で持つと重かった。そこで、小ぶりの鍋にしたのである。

同社の店舗ではツールを変えた結果、生産性も上がったし、味もまたよくなった。

45　12年間毎日、売れなかった品物を記録につける

柳井正はユニクロを作る前、故郷の山口県宇部市に戻り、親が始めたメンズショップ2店舗の店長をしていた。全国のどこにでもある町の紳士服店だった。

その店は12年の間、大きくもならずつぶれもしなかった。けれど、彼にとっての収穫

は「ユニクロ」というカジュアルウェアの新形態店を考えるいい機会だったことだろう。

彼が店長になったとたん、元からいた部下は辞めていき、柳井はひとりで接客から商品の仕入れ、店の掃除までやった。

そんな彼が毎晩、店を閉める前にやったことがある。

それは「売れなかった商品を記録する」ことだった。

売れた商品をメモして発注する人は大勢いる。しかし、柳井は売れなかった商品を日々、コツコツ記録した。

記録しながら頭のなかで整理した。

「どうしてこの商品は売れなかったのか？」

デザインが悪かったのか、値段が高かったのか、それとも投入する時期が悪かったのか。そもそも商品性がなかったのか。

もうひとつは「売れない商品はどうすれば売れるようになるのか？」。

売れない商品の値段を下げてみたところ、ほぼ売れるようになったけれど、値段を下げても売れない商品はあった。商品性がなかったのである。

値段を下げてみると、売れない理由が明確になった。

12年間、それを続けているうちに売れる商品とは何かがわかってきた。以後、彼は「これは売れる」と思ったものだけを仕入れる力が付いた。彼はバイヤーとして日本全国から香港までを歩くようになる。

柳井はバイヤーとして抜きんでていた。経営者としての才覚もあるけれど、カジュアルウェアの売れ筋を見抜く人だったからユニクロを創業して成功することができたのである。

この場合のくふうは「売れなかったものを長年記録する」ことだった。

46 保育園もカイゼンできる

千葉県を中心に37軒の保育園、学童保育施設を持つコビーというグループがある。同保育園は園児に対する教育が従来の保育園とはひと味もふた味も違っていて、保育以外の業界からも園を見学に来る人が多い。

同保育園の目的は「本格的な体験を通じて子どもたちの才能を引き出す」ことだ。そこでは園児のために、いくつかのカイゼンを行っている。

●本物の陶器で食べさせる

保育園、幼稚園、小学校の給食で使う器はプラスチックやアルミ製が主流だ。しかし、コビーでは本物の陶器、ガラス製品を使っている。

同園の創業者の母で「伝説の保育士」と呼ばれた小林典子の言葉を守っているからだ。

小林典子はかつてこう言った。

「子どもには割れる食器を渡すのです。『これは落とすと割れる食器だよ』と教えれば落とさないけれど、『これは落としても割れない食器だよ』と説明すると、落としてしまうのです。考え方がさかさまなんです。落とせば割れる食器を使わせることで、モノを大切にする心が養われるし、美しい所作が身につくのです」

●梯子の角度は急傾斜にする

同グループのある園で屋根裏部屋を作ったことがある。担当が「梯子の傾斜はなるべく緩やかに」と業者に発注しようとしたら、典子先生は「これまた考え方がおかしい」

と注意した。

「梯子の傾斜を緩やかにすると、一見、安全に感じます。しかし、安全に見える傾斜にすると子どもは緊張感を失い、かえって転落する危険性が高くなる。むしろ、急角度にした方が緊張しながら上がっていくから、転落しないのです」

●つま先で歩かせる

「廊下を走ってはダメ」

大人は子どもに注意する。しかし、そういう大人も子どもの頃、絶対に廊下を走ったことがある。

走っちゃダメという注意は子どもに対しては実用的ではない。

典子先生は廊下を走らないような状態を作るために、子どもに何と言ったか。

彼女は廊下を走る子どもを見つけたら、微笑を浮かべてこう諭した。

「いい、つま先で音を立てないように、ゆっくり歩いてごらん」

走るなという言葉を聞くと、子どもは逆らって、走りだす。

一方、「つま先でゆっくり」という行動は子どもにとって新鮮な課題だ。走るよりも、つま先でゆっくりの方が面白そうだから、そっちをやってみたくなる。

「勉強をしろ」「仕事をしろ」という注意も実効性は疑問だ。

本人がやりたくなるような課題設定をすることが大切で、課題を考えるのが指導者の役目だ。

典子先生のカイゼンの考え方は保育園児だけでなく、ビジネスマンの指導にも役に立つ。

●保育士は日常にジャージを着ない

日本中の保育園、幼稚園の先生の大半はジャージを着る。動きやすいし、汚れてもいい服装だからだ。

だが、コビーではジャージは着ない。全員、揃いのユニフォームを着用する。白いシャツにベージュのパンツが基本で、女性保育士は、首元に好みのスカーフを巻く。そして、園長は男性の場合、スーツにネクタイを締めて、保護者が子どもを連れて登園するのを出迎える。

「保育士は子どもの未来像のサンプルのひとつです。ああいう風になりたいなという憧れの存在にならなければならない。

『いつか、あの先生みたいになってジャージを着よう』という子どもはいないのです。かけっこをしても、手を抜いてはいけません。大人ってすごいな、大人ってかっこいいんだなと憧れの存在にならなければいけないのです」

この話もまたビジネスマンにとって有効だ。上司は部下から尊敬されなければならない。会社で健康サンダルを履いたり、ＰＣを見ながら鼻毛を抜いたりしてはいけないのである。

夏になると、町はクールビズ一色になる。ネクタイを締めずにスーツを着る男たちばかりが町を闊歩する。確かに、日本の夏にネクタイを締めるのはつらい。満員の通勤電車でネクタイを締めろとは誰も言えない。

しかし、重要な会議、顧客先を訪ねる時、夜の正式な会食の席……そういう場所ではネクタイを締めて、白のシャツに上等の靴を履いていった方がいい。

相手に与える印象も違うし、気が入る。

ユニクロの創業者、柳井正は真夏に会ってもスーツの時はネクタイを締めている。

「クールビズはしません」。そうはっきり言っている。

第8章　会議を減らす

47　セクションの人員は8人から10人にしておく

会社のセクションの人数は3人とか4人ではなく、8人から10人といったまとまりにしておくと融通が利く。小さな会社の場合は「総務」「宣伝」「広報」と分けて3人ずつのセクションを作るより、総務部のなかに宣伝と広報の係を置く。

トヨタ生産方式を指導している尾上はトヨタの生産ラインを例に挙げて、フレキシブルなセクション作りの大切さを説く。

「たとえば1人で作業するラインがあるとします。作業量が10パーセント増えたら、1人ではできないから2人でやることになる。でも、実際に2人でその作業をやると、時間が余ってしまう。2・0人が1・1人分の作業をするわけですから、2人とも『手待ち』が増える。

ところが、10人のラインで作業量が、1人あたりそれぞれ10パーセント増えたとします。1・1人×10人で、ちょうど11人分の作業になりますから、1人増やせばいい。各自が手待ちにはなりません。また、作業量が10パーセント減ったとしたら、ラインの人数を9人にすることができる。

小さな塊にせずに大きな塊にするとフレキシブルになるんです」

48　何分でやるか、何日でやるかは申告させる

工場の仕事と違い、事務の仕事の場合、標準作業の設定が難しい場合がある。企画書、報告書の作成といったものは内容、作成者によって仕事に関わる時間が変わってくるからだ。

そういった場合は企画書をどれくらいの日数で書き上げるかは自己申告させる。自己申告書には仕事の内容を分類させて、内容ごとに時間数、もしくは日数を入れる。

たとえば、取材、資料集めに2日、企画の案出に3日、執筆に2日といった具合に目

安をまず作る。

そうして、自己申告よりも少し短い日数を標準作業として設定する。そうすれば手待ちは生まれない。

当たり前のことだけれど、仕事の内容とどのくらいの時間で終わらせることができるかは、その仕事をする人が自身で考えることだ。どれくらいかかるかわかることは仕事を理解しているかどうかに直結する。

49　やらなくていいカイゼン

仕事のなかには本当にやらなくてはならない仕事とそうではないものがある。

「おばあちゃんの七面鳥」のような仕事は、なくすべき仕事の筆頭だろう。

それに続くのが、無理やり作り出したような仕事だ。

トヨタのように長年、カイゼンを続けていると、なかにはだんだん細かいことをカイゼンの対象として取り上げる人間も出てくる。生産調査部でカイゼン指導をしている尾上はそんな時、「それ、ほんとにカイゼンするの？」「そんな細かいところまでやることがカイゼンの本質なの？」と提議することにしている。

「あるセクションの人間の提案でした。エンジンルームの隅にある誰にも見えないところに、たまに小さなバリ【註・加工の過程で発生した金属のはみ出したところや付着物】が見つかることがあるそうです。

その人間は『私たちはそれを見つけてカイゼンしました。こんなところまで私たちは見つけてカイゼンしています』と言うのです。

しかし、実際、そのカイゼンをするにはものすごく工数がかかるし、見つけることがまず大変です。ユーザーでエンジンルームを開けて、陰になっているところまで注視する人はほぼいません。何万人にひとりだと思う。

手間がかかること、微細なところまで丁寧にカイゼンしましたというのは耳に心地いい話かもしれない。しかし、カイゼンとは生産性の向上です。考えなくていいところまでカイゼンをすることはない。ですから、それはやらなくていいと伝えました」

日本人はとかく細かいところや、人が見ていないところに陽を当てた話を聞くと、胸を打たれる傾向がある。しかし、誰も見ないところの見栄えをよくするよりも、みんなが見るところの塗装品質を少しでも上げていくのが本来の目的だし、客のためになる。

カイゼンの目的は生産性の向上であって、カイゼンをすること自体は目的ではない。

トヨタでは「適正品質」を考え、それを追い求めている。ちょうどいい品質、本来求められるべき品質とは何か、価格に見合った品質とは何か。

そういったことを勘案して、本来の品質をきちんと作っていこうという考え方だ。なんでもかんでも教条的に品質レベルを上げようと言い始めたら、コストは度外視されてしまう。

カローラにレクサスと同じ品質を求めればカローラの価格は上がってしまう。カローラに乗る客はカローラなりの品質を求めている。もし、さらにいいものを求めているのなら、その人はレクサスを買うだろう。

客が「なんだ、これは」と怒るようなものはむろんダメだ。品質レベルを落とさず、客に負担をかけないというのが適正な品質であり、適正な価格だろう。

50　会議のカイゼンはこうやる

尾上と一緒に仕事をしている女子社員が「私も絶対にカイゼンしたいことがありま

す」と手を挙げた。

「何をカイゼンするの？」

そう訊ねたら、彼女は言下に「会議の設営です」と断言した。

それくらい、会議の日程調整、招集、議題の配布などにムダを感じていたのだろう。

そのセクションでは毎月、全体会議をやっていた。幹部役員が計3名で、全体の出席者は30人程度の会議である。どこの会社でもこういう規模で、このクラスの出席者の会議はあるだろう。

カイゼン前の会議設営の仕事内容は次の通りだ。

a　会議の日程を決めるのは3か月前。設営担当の女子は役員3名のスケジュールを調べ、合致した日を会議の日と決める（役員3名の時間はなかなか合わない）。

b　会議室を押さえる。

会議室を押さえるのは日程を決めた直後。

↓会議室が空いていないとaに戻る。

c　会議の概要を出席予定者に送る。

出欠を取る。

d　出席者が判明したら、机の並べ方を決めて、配席表を作る。配席表は毎回、作成する。

↓出欠変更連絡が来る都度、配席表を変更する。

e　会議で発表する人間に発表資料を作成してもらい、会議の1週間前までに送付を依頼する。1週間前でも資料が届かない場合は催促する。

f　会議当日を迎える。

3か月間の仕事を分析すると、最初の1週間である程度の仕事は終わる。2か月くらいは何もしない。1か月前から出席者に当日の確認を取ったり、発表資料が来たか来ていないかを確認して、催促したりする。会議当日に配席表やらペットボトルの手配をする。

それを担当の女子は次のようにカイゼンした。

A　**役員が複数参加する会議の日時は固定する。**この場合は月末の月曜日、午前8時と決めた。そうすれば役員のスケジュール調整をしなくともいいし、毎回、会議の開催のお知らせを出席予定者に通知する必要はなくなる。会議室も1年分、予約することができた。

B　このため、3か月前にやる仕事はなくなった。

次に席のレイアウトも、3役員だけを決めて、あとは自由席にした。配席表を作ることもなくなった。もちろん変更も不要。

C　発表資料の催促はやらないことにした。遅くなったり、資料の作成を忘れたら、その人の自己責任とすることにした。考えてみれば当たり前だ。

尾上は「彼女のカイゼンは素晴らしい」と評価する。

「会議の設営に関わる仕事の量は5分の1になりました。それでも、私は大反省しています。なぜ、これまで会議のカイゼンをしなかったのか、気がつかなかったのか、と。もし、大野（耐一）さんがいたら、絶対に怒られています。

『お前たち、どうして、これまでこんな会議の仕方をしていたのか。どうして、今までカイゼンしなかったのか』

彼女が言いだすまで、誰もカイゼンしなかったのが大きな問題です。会議だけじゃありません。いつの間にか、前のまま放置している仕事ってたくさんあるんですよ。生産調査部はカイゼンの指導をするセクションなのに、その会議でさえ、ムダがたくさんありました」

51　本当に必要な会議はそれほど多くはない

尾上は苦笑しながら会議のカイゼンについての話を続けた。

「これ、笑い話になっちゃうんですけれど、会議のカイゼンをするために、まずメールで参加者に新しいルールを送ったんですが、それでは情報の共有が徹底できませんでした。結局、全員を集めて会議をやったんですよ。ばかばかしいかもしれないけれど、人が集まる仕事のカイゼンは人を集めてやらなくてはできなかった。

そして、合わせてさまざまな会議のカイゼンをやった結果、社内の会議は50パーセント近く減りました。会議とか委員会は放っておくとどんどん増えていくので、『減らす』と決めて会議をやるしかない。本当に必要な会議ってどこの会社でもそれほど多くはないんです。会議を減らすのは大きなカイゼンです。

会議には情報を共有する会議と、物事を決定するための会議があります。情報をシェアする会議の場合、メールで送っとけばいい情報と必要な人が集まって共有する情報かどうかを分ける。情報を共有する会議の場合は本当に必要なものだけにする。そして、出る人も絞る。『一応、参加しておいてよ』と呼ばれて出ているだけの人は呼ばない。

また、物事を決めなければいけない会議であれば、決めるべき人だけが出てきて、その会議のなかで必ず決める。目的、狙いをはっきりさせてやる。

それで会議の数、減りました」

尾上の話を聞いて思い出したことがある。

企業の社長や幹部を取材すると、たいてい広報課長と担当者が横にいる。なかには部長が同席する会社もある。

トヨタも担当は部屋に入ってくるが、同席しない。離れたところに座る。もしくは幹部ひとりということもある。課長と担当者が最初だけ同席して、あとは本人にまかせることもある。

しゃべるのは経営幹部その人本人の責任ですよ、という雰囲気が感じられる。横に担当者がいて、手取り足取りの指導の下、取材に対応するのと、ひとりでジャーナリストに向かい合うのでは覚悟が違ってくる。

結局のところ、ひとりで取材を受けた方が話は上手になる。

そういう取材の受け方をしていた経営者はわたしが体験した限り、古いところではダイエーの中内㓛、サントリーの佐治敬三、ソニーの大賀典雄、そして現在では、ユニクロの柳井正、ソフトバンクの孫正義、楽天の三木谷浩史、サイバーエージェントの藤田晋《すすむ》だけだ。

もっとも、わたしはそれほど企業幹部の取材が多いわけではない。だから、ひとりでインタビューを受ける経営者は他にもいるとは思われる。どうしても「広報の同席が必要」といった場合でも、ひとりが立ち会えばそれで十分ではないか。

会議のカイゼン例を聞いていて、広報の取材対応も各社、カイゼンするだけで仕事は減ると思った。

52　出張の荷物はバッグ一個だけ

カイゼン指導に出向く生産調査部の人間は出張が多い。毎週、どこかに泊まりがけで出張している。出張の時の手荷物などはどのように考えているのだろうか。

何か、これといったカイゼン点はあるのか。尾上に訊いてみた。

「これがみなさんの役に立つかどうかわかりませんが。原則はあります。

手荷物は機内持ち込みできるバッグ一個だけにする。アメリカの飛行機会社では預けるとなくなることがよくあるから、荷物を預けたことはありません。あと、荷物がターンテーブルに出てくるまで、待っている時間もムダだと思うので、預けたことないですね。1週間くらいの出張なら、どこでも機内持ち込みバッグひとつで行きます」

荷物をひとつにまとめるとなると、当然、取捨選択があるのだが、必ず持っていくものとは何なのか？

「僕らの仕事場は主に工場です。作業服はいります。ただ飛行機に乗る時はスーツです。しかし、今はネクタイを締めることはまずない。

履いていくのは安全靴。これ一足で出張することがほとんどです。見た目はウォーキングシューズみたいで、それほど重くない。安全靴を別に持っていくと荷物が大きくなるので、履いていくことにしています。

現地で安全靴を借りることもできるけれど、仕事では長い距離を歩くので靴のサイズがあわないと靴ズレができたり、歩いていて疲れてしまう。

極力、コンパクトな荷物で旅に出る。靴を持っていかないだけで荷物は小さくなるし、相当、楽ですよ。20年以上の出張生活のなかで、靴を持っていかないカイゼンがいちばん大きかった」

他に、持っていかないものはパジャマだ。下は短パンで、上は古いTシャツ。そうして、古いTシャツは最後に泊まるホテルで捨ててくる。ホテルの部屋ではTシャツ、短パン姿で過ごす。

こういう風に書くと、「だらしない」「パジャマと部屋着が同じなのはちょっと……」「トヨタの幹部ともあろうものが……」といった非難めいた感想が出てくることが想像できる。だが、手荷物ひとつで1週間出張するには、これくらいの断捨離は欠かせないだろう。

その代わり、彼は下着、靴下は毎日、替えるか、出張先で洗濯している。

書類も極力、持っていかない。タブレットとスマホで仕事をしている。

また、これはカイゼンではないけれど、尾上はアメリカで家族旅行した時、車に電気炊飯器を積んで持っていったという。

「日本食が恋しくなったのと、旅先のレストランよりもホテルの部屋でご飯を炊いて、おにぎりを食べている方がおいしかったんです。もしくはレトルトのカレーをかけて食べたり……。お金の節約ではなくて、そっちの方が家族もおいしいと言ってました」

1週間のドライブ旅行に出かけるとしたら、たとえ、日本国内であっても、炊飯器を積んでいくのは決しておかしなことではないと思う。出かけた先の市場を探し、新鮮な魚介とか惣菜を買って帰り、ホテルの部屋で食べる。

わたし自身は小型のオーブントースターを持って旅行したことがある。揚がったばかりの地元の魚の刺身と干物を仕入れてくる。地酒も買う。ご飯はスーパーかコンビニで買って、あたためてもらう。

刺身はそのまま食べる。オーブントースターで、干物を炙る。ピザトーストも焼ける。オイルサーディンの缶を温めて食べることもできる。部屋で酒を飲む場合のつまみが充実する。いいことか悪いことかはわからないけれど、乾きものやチーズだけをつまみにするよりも、酒がすすむ。

ただし、いずれも車で1週間以上の旅行をする場合だろう。ひとりで行く3泊4日の海外出張に炊飯器やオーブントースターを持っていくことはない。

53　大切なことはできるだけ暗記する

尾上たちの仕事は生産現場や物流現場へ行って、ムダな仕事を省き、生産性を向上させること。トヨタの生産調査部というセクションでは長年、それをやってきた。

指導するリーダーはまるで茶道や華道の宗匠が弟子を教えるように、後進を手取り足取り教育してきた。かつてはややパワハラ気味に指導していたけれど、近頃はまったくそんなことはない。往時に比べればとても和やかな職場になっている。

そんなセクションで尾上がカイゼン指導を行ううえで、もっとも大切と感じたことがある。

「私の上司、鬼と呼ばれた林南八さんから教わったのは、『大切なことはメモを取るな』でした。

『いいか、尾上、書いたら忘れる。いちばん大事だと思った点は書かないで頭のなかに刻みつけろ』」

ただ、そうは言っても、メモを取るべきところもあるという。

自動車工場のうち、プレス工程、ボディー成型、塗装、組立と見て回ったとする。メモするのは「プレスのアタマ」とか「塗装のケツ」とカイゼンを要する箇所だ。

カイゼンの方法についてのアドバイスは書かずに頭のなかに刻みつける。アドバイスは現場を見て回った後、ラップアップする時に口頭で語る。

わたしは尾上が現場でカイゼンしている様子を何度となく見ているが、確かにほとんどメモは取らない。それでもラップアップ・ミーティングでは1時間近く、微に入り細を穿った指摘をして、その場でカイゼン案を出し、討議し、方向性を決めていた。

54　慣習、ムダ、滞留をなくして、くふうする

カイゼンマンたちはどこの生産現場でも4つの点に目をつける。

①　これまでの慣習でやっていた作業をもう一度、考え直す。

②　ムダな作業をやめさせる。

③　滞留、停滞、在庫に目をつけて、滞留と停滞は可能な限りなくす。在庫は必要最小限の一定量だけにして、在庫数は変動させない。

④　くふうを考える。新しい方式の効率的な機械が登場していたら、安いコストで導入する。

カイゼンのアドバイスはこの4点が基本だ。基本をわかっている人間で場数を踏んでいればメモを取らなくとも、カイゼン策は頭のなかに浮かんでくる。それを指摘する。

「林さんはとにかく忘れない。カイゼン策をアドバイスした後、3か月なり、半年なりして、また現場を見に行くのですが、その時に、前回、自分が言ったこと、カイゼン策をすべて覚えている。

『この間、ここでこう言ったじゃないか』と言って、相手が何もしていなかったら、そこで、また指摘する。そうすれば相手もやるようになります。その場のアドバイスだけでなく、フォローすることが重要なんです。もっと言えば、カイゼンするためにはフォローがいる。フォローの際、相手を驚かせるためにも、メモを取らずにアドバイスと自分が言ったことは忘れないようにする」(尾上)

カイゼンに限らず、人に教えて、それをやらせる場合に重要なのは一緒にやること、そして、必ずフォローすること。それがなければなかなか人は教わったことをやろうとはしない。

メモを取らないで何度も現場に足を運ぶのは、一緒にいることを相手に感じさせることにつながる。

55　正常と異常の区別をつける

カイゼンの4つのポイントのうち、ムダを発見して、それを取り去ると書いた。では、ムダを発見するために彼らはまず何に着手するのか。

「正常と異常の区別をつけることです」(尾上)

「まずは作業の正常、異常がわかるように、正常とは何かの基準を作る。たとえば、製造ラインの正常とは、必要最小限の在庫を持ちながらラインが流れていること。

そうすると、ラインのなかに物がたまっていたら異常です。異常を直すにはどうすればいいかを考える。ラインのなかで作業者がやることがなく手待ちをしていたら、それも異常です。手待ちをどうやって直すかを考える。作業がやりにくそうにしていたら、それも異常です。どうやったらやりやすくなるかを見ます。

ラインとラインの間を走って作業をしていたら、それも異常です。走ってまでやる作業はありません。走らなくてもスムーズにできるようにカイゼンする。作業で走るなんてことはできません。走っていたら、毎日、数百台の車を作るなんてことが続くはずがない。

物流や事務の仕事でも同じです。ひとりが忙しそうにして、昼ご飯も食べないとか休みも取らないで仕事をしているのは異常だからそれはカイゼンする。仕事の内容を聞いて、ムダな作業をやめる。それでも忙しさが減らないのであれば、その人の仕事を減らすしかありません。

これは生産現場の話ですけれど、忙しそうに働いている人よりも、スムーズに流れるように働いている人の方が結果的には作業が早く終わっている。いかにも忙しそうというのは精査すると、実はムダのかたまりです」

尾上は、かつて社長の豊田章男に指示されて、アメリカ人にカイゼンを教えるために、京都に連れて行って、茶道のお点前《てまえ》を経験させた。和服を着てもらい、茶室に案内して、茶道の先生にお茶を点《た》ててもらったのである。

「さて、今日はどうして、ここに来たのかを説明します。茶道には厳しい作法があります。棗《なつめ》の置き場所、お湯の注ぎ方、茶筅《ちゃせん》の回し方、すべて標準作業が決まっています。置き場所、標準作業が決まってるから、茶筅を取ろうとするときに、『茶筅はどこかな？』と探す人はひとりもいません。

そして、動きを見てください。流れるような動作で茶筅を手にして、かき混ぜて、お茶を点てます。この動きはとても美しい。こういった美しい動きを我々は生産現場でやりたいんです。トヨタ生産方式では熟練の作業者はまるでダンスをしているような動きになります。私たちはぜひ、それを学んでほしいので、京都に来ていただいたのです」

彼が見せたかったのはムダのない美しい動きだ。アメリカ人には好評な研修だったという。

茶道のプロの動きはアスリートの動きにも通ずるところがある。アスリートの動きを見ていると、一流の人間は誰でも余計な力は入っていない。プロ野球の選手でも、プロゴルファーでもゆったりとした動作で、焦って忙しそうな動作ではない。

往時のマイケル・ジョーダンのシュートを見ていると、飛んでいるというより、空中を遊泳しているようだ。そして、彼のドリブルはダンスのようでもある。

ムダのない動きはスポーツに限らずライン作業でも通用する考え方だ。しかし、ゴルフをやった人ならわかるけれど、力を入れずにスイングすることを習得するには相当の時間がかかる。素人は何を言われても、とにかく力いっぱい、スイングしてしまう。

カイゼンは考え方を変えるだけでなく、ある程度の期間の反復練習が欠かせない。

そして、工場では忙しそうに手を動かしている作業者には次のように注意する。

「速く手を動かしてはいけない。それでは作業に時間がかかる。最小限の動作で手を動かすこと。そうすれば時間も短くなる。速く手を動かせば必ずムダが生まれる」

第9章　管理職をカイゼンする

56　残業を疑え

働き方改革が浸透してきたため大企業では長時間の残業はできないようになっている。一律に残業ができないのはおかしな話ではあるけれど、何の規制もしないと、残業を奨励するブラック企業が減らないからだろう。

残業は正常な状態なのか、それとも異常なのかを考えれば、それは異常に決まっている。毎日、遅くまで残って何かをやっているのはどこかに問題がある。残業があまりにも多い人はどこかでカイゼンしなくてはならない。

本人は重要な仕事をやっているし、余人に代えがたい仕事だと認識しているのだろう。だから、残業が止まらない。

残業をやめさせるには外からの目でひとつひとつの仕事の流れと所要時間を図にして、それからムダな仕事を取り去るしかないだろう。事務でも販売でもカイゼンの仕方は生産現場と同じだ。

自動車販売店の営業マンの仕事を例にあげよう。

第7章でも触れたが、かつては飛び込み営業が一般的だった。町内の家、一軒ずつを回ってベルを鳴らし、「でこぼこ自動車から来ました」と名乗りを上げたものだ。高級車でさえ、百軒に一軒くらいの割合で買ってくれる人がいたという。

ところが、現在では1日に数百軒を回ってもまず売れない。8割は留守か、もしくは家にいても出てくることはない。在宅しているのもたいてい老人か子どもだ。下手に車を売りつけたら社会問題になってしまう。

ある時には有効とされた販売手段も時代とともに変わるのである。

飛び込み販売をやめたら営業マンの仕事はがくんと減った。今では土曜、日曜、休日に販売店に客を集め、店で商談するのが一般的だ。加えて、ITの活用だ。めったやたらと電話をかけて「そろそろ車検です」と客に連絡することはなくなった。車検の3か月前、1か月前にはメールで客に車検の知らせが行くようになっている。

むろん、IT化されていない販売店もあるし、飛び込み営業を続けているところもあるだろう。だが、全体の流れは靴底をすり減らす営業から、IT営業へ変わっている。ただ、こうした変化は内部からの提案ではないことが多い。

現在、やっている仕事、それによって生活の糧を得ている仕事を自ら変えるのは相当、困難だから……。

たとえば、わたしは本を書いているけれど、年々、出版業界は縮小している。本を書くことは果たして生活の糧になりうるのか。もっとほかの手段があるのではないかと自ら考えることはできる。しかし、ある日から突然、ユーチューバーになるのは簡単なことではない。ずるずると引き延ばして、結局、いつもと同じ編集者と話をしているといった状態になるだろう（実際はユーチューバーにはならないけれど、新しい方向性の仕事を始めています）。

やはり、第三者に現場を見てもらわなくてはならない。そして、やや強制的にカイゼン指導をしてもらう。

生産調査部がトヨタにおける生産、物流現場のカイゼン部隊だとしたら、流通情報改善部は販売のカイゼンを行うセクションだ。

北明健一は以前は生産調査部で指導をしていたが、流通情報改善部で販売店のカイゼンも経験した。

彼もまたカイゼンのヒントをいくつも持っている。

57　人は尊敬している人の言うことしか聞かない

「カイゼンの指導といっても、上から目線でエラそうにやったらダメです」

北明は生産現場、販売現場でも指導が長い。しかし、上から目線ではない。つねに頭を下げている。微笑を浮かべている。威圧感もない。思えば尾上もそうだ。ふたりともどこにでもいる目じりの下がった普通のおじさんである。

普通のおじさん、北明はつくづく言う。

「カイゼンの指導は悩み、考え、そして、それを現場で実行して、汗と泥をかぶらないとできません。若い頃はそういう経験を嫌というほどしました」

大学を出て、すぐに生産調査部に配属された北明にとって、つらかったのは協力企業に出かけていって無視されることだった。

「トヨタから来た生産調査部の指導員の方です」

そう紹介されるけれど、新人だから、何もできない。一緒に行った先輩の視点、カイゼン法を黙って見ているだけだ。先方もそう言う立場の存在だろうなとわかっているから、声をかけてこない。

「トヨタさん、お茶の時間です」

「トヨタさん、食事です」

「トヨタさんの部屋はこちらです」

「北明さん」と呼ぶ人は誰もいない。何もできない人間だから、いつまで経ってもトヨタさんとしか呼ばれない。食事も先輩は先方の人間と話しながら食べる。北明はひとりだ。

宿泊するのもビジネスホテルではない。今でもトヨタの生産調査部、流通情報改善部の人間が指導に出かけていって泊まるのは先方の会社の寮もしくは厚生施設である。

北明は思い出す。

「無視されるのがつらかったですね。いちばん嬉しかったのは、1か月ぐらいして、

『おはよう』って挨拶してもらったこと」

先方も指導に行った新人の様子をよく見ている。示し合わせて、どれだけ根性がある人間かどうかを試すのである。

なかには、あの新人は態度がでかいから、あと1か月は挨拶をするのはよそうなどというケースもあったという。

それくらい、人は自分が現在やっている仕事を変えることに抵抗する。

「実はカイゼンの指導とはまず相手に受け入れられる、コミュニケーションが取れるようになることなんです。

コミュニケーションが取れなくてはカイゼンのヒントを提供することもできません。では、どうやってコミュニケートするのか。

ニコニコするのもいいでしょう。表層的な行為ですけれど、まずはそこかな。その後、誠実さを前面に出す。カイゼンを必死でやるという思いと、人間としての誠実さの両面で相手に訴えるしかない。

特に若い時は指導の知識も技術もないので、人間として自分を売り込むしかないんです。仕事に必要なのは専門性と人間性です。しかし、専門性がない時は人間性で勝負するしか手がない。また、専門性があったとしても、やはり人間性がなければ相手には通じません。

人間性というのも、鍛錬するしかないんですが、これが難しい。ある時期から本に付箋とか貼って読んでました。そうしてわかったのは、人間ってだいたいしょぼい存在から、だんだん鍛錬していくと人間性って上がっていくんだろうななどと考えました。

付箋を貼った箇所がだんだんたまってきたら、A4の紙に書きだしたりして、移動中とかずーっと読んでましたね。自分がやれてないことはなんだろうかなと。もっとよくしなきゃいけないのはなんなのかって意識するようにしました」

逆にこれをやってはいけないと思ったのが約束を破る、遅刻するといった誠実さを疑われるような行為だ。

新人としてコミュニケーションの問題に直面したことは結果としてよかった。海外に赴任して、カイゼンを指導するにあたって北明は新人時代と同じ経験をしたのである。海外に行けば指導するより前にまず、一挙手一投足を見られてしまう。そうするとやはり役に立つのは人間性と誠実さだ。

自らの仕事でも他人の仕事でも、第三者の目になってチェックすると書いた。

その時の第三者とは人間性にあふれ、誠実な人間でなくてはならない。嘘をついたり、約束を破ったり、「オレがおごってやるよ」と恩に着せながら、実は領収書をもらっている人間はカイゼンはできないし、指導しても受け入れてもらえない。

カイゼンは人間性を高めた人にしか指導できない。

一方、カイゼンを行う人間だって、高いハードルを飛び越さなくてはならない。それは、自ら変わることだ。

「人間が変わるのは仕事を通してだと思います。しかし、変わることはつらい。つらいというより、憂鬱なんです。

僕は考えました。変わることとの憂鬱さを払拭するにはどうすればいいか。

無理やりにでもまず眠ることです。ぐっすり眠る。運動をしてもいい。温泉に入ってもいい。マッサージを受けてもいい。だらだら寝るんじゃなくて、ぐっすり眠る。一種の現実逃避だけれど、ぐっすり眠ったら、よし、やってやろう、変わってやろうという気持ちになる。眠らないで朝までぐずぐず考えるのがいちばんよくない。眠って、現実から上手に逃げて、そうして気持ちを上向きにしてから、意識改革をする」

北明を見ていると、ほんとうに苦労したんだろうなと思える。自己主張をするわけではないし、部下を怒鳴ったりする姿は想像も出来ない。それだけに自分自身を責めてしまうのだろう。

内向的なタイプの人が意識改革をしようとする時に着手するのはぐっすり眠ること。眠る時は考えない。第1章で書いたように、「ふとんのなかで考え事はしない」ことだ。

58 カイゼンのツールもカイゼンする

第三者として仕事のムダを見つける場合、目を付ける箇所は生産現場でも事務の仕事でも同じだ。

「そうです。動作のカイゼンは手、足、目を注視することから始まります。加えて、大きさ、手待ち、終わり際という原則があります。

足は移動距離を短くする。二歩歩くより一歩の方がいい。一歩よりも歩かない方がいい。たとえば、部品を取りに行くのではなく、部品に来てもらう。自動搬送機（AGV = Automatic Guided Vehicle）などを使う。

手も足と同じ。移動距離を短くする。インパクトレンチを取るため、手を10センチ移動するのに０・１秒かかります。30センチだと０・３秒。部品を置く使用頻度によって決める。よく使うものはいちばん近いところに置く。目の動きもまたいろいろなところを見つめなくていいようにする。

大きすぎたり重くて持てないような部品、ツールは変える。手待ちとは作業が終わってしまって何もやらない状態ですが、手待ちはなくす。終わり際とは作業を終える寸前にムダな動きをしないようにする。

これは生産現場だけではなく、事務の仕事の時にも適用できます。机の上の事務用品の置き場も手の動きが最小限になるように置く。そして、事務用品の場合の原則はなるべく物を置かない。必要最小限の筆記具しか持たない。整理するというより捨てる。タダでもらったボールペンで机の引き出しを一杯にしたりしない。たとえタダでも使わないものはもらわない。それでずいぶんと違ってきます」

59　機械は不器用だと思え

「ＡＧＶを工場に初めて導入した時の話です」北明は切り出した。

エンジン工場の鋳物のブロックは重い。それを40個、まとめて運ぶ小型の列車のようなAGVを導入して、ラインの間の通路を通らせた。ところが、導入した当初はまったく機能しなかったのである。AGVにはセンサーが付いている。設定を敏感にしていたために、2メートル先に人がいてもストップしてしまったのである。

北明は担当だったが、現場の作業者に言われた。

「お前さ、AGVって全自動だよな。でも、止まってばっかりだろ、この機械」

センサーを直したものの、今度は連結ミスが頻発した。それを直したら、今度は通路のルートから外れて走行してしまう。

また、現場の作業者にバカにされた。

「お前らは全自動と言ってるけれど、これ、全手動じゃねえか」

むろん、開発の時に試験走行はしている。それでも現場に持ち込んでみると、さまざまな故障が起こり、北明はひとつひとつ制御を調整したり、配線を直したりした。

「新しいものを入れたからといって、すぐに100パーセント可動するなんてことはありえないんです。機械は必ず止まったり、トラブルが起こるものです。やっぱり人間の頭では想定、想像しきれないものというのは世の中にいっぱいあるんです。

ＰＣやタブレットやスマホのアプリだって、もっと言えばＡＩだって、使ってみて初めて分かることがある。機械は決して利口じゃありません。機械は不器用です」

トヨタの工場へ行くと、多機能で大型の機械はまず置いていない。鍛造なら鍛造だけをやる機械、搬送する装置、冷却する機械といった単機能のものを組み合わせてラインを作っている。なぜかと言えば多機能の複合機械を入れて、いったん故障したら直すのに時間がかかるからだ。また、最新式の多機能機械であれば直せるのは専門家だけだ。専門家を呼んでくるまで、ラインが動かない。その点、単機能であれば工場内の保全担当の人間でも、直すことができる。

機械を導入する時は性能だけを見るのではなく、故障した時の復元にかかる時間や手間までを考えることだ。機械は万能ではない。機械は不器用だという感想はそこから来ている。

人間だって、毎日、体調が万全という人はいない。インフルエンザにかかる時は予防注射をしていても感染してしまう。

ニュースに映る工作機械やロボットは滞りなく動いているけれど、あれは動いているところだけを撮影しているからだ。どんな機械だって必ず止まったり、故障したりする。

人間が壊れないようにチェックしたり、機械の周りの環境を整えて、最高の働きを引き出すものだ。

大切なのは、導入する前に、「機械に何をやらせるか」をはっきりさせること。そして、できれば多機能の機械よりも単機能の機械を組み合わせて導入することだ。

機械を売る側は得てして、「これが最新式です。何でもできます。人手を減らすことができます」と口上を述べる。しかし、壊れた時に直す専門家が何人いて、通報していつ来てくれるのかまでを教えてくれる人はいない。機械を導入する時は故障したときの対処まで考えることだ。

60　トリセツよりも口伝え

機械の導入の話を続ける。

機械には必ず取扱説明書、マニュアルがついてくる。しかし、ちゃんと読んでいる人はなかなかいない。

目の前の人間に「これはとても重要だから読んでおけ」と言っても、真剣に読む人は数えるほどだろう。しかも、結局は内容を教えてもらえるとわかっているから、読んでも頭に入っているわけではない。

北明もその点については賛同する。

「トリセツ、読む人っていないです。自家用車を買っても、まずマニュアルを読む人はいないでしょう。機械のマニュアルだってまず読んでくれない。人が人に向かって目の前で使い方を教えるのがいちばん早い。

ダメなのはマニュアルやガイドラインをぼんと配って、なんでやってないんだって、怒る上司。人に教えるには自分が実際に使えるものだと確信したものだけを教えること。マニュアルを配って、やっておけといっても誰もやりません。

トヨタの販売店の一部ではe-CRBという販売のITシステムを導入しているのですけれど、最初のモデル店を作って、そこで効果が上がったところを見せて、それから導入してもらってます。

『ほら、見て。こうやって使っているのだから、あなたのところでも絶対にやれる。やれないのはおかしい』

そうやって展開していく。

現場で試行錯誤した結果を展開することです。

ＡＧＶだって、ｅ-ＣＲＢのシステムだって、最初の2か月、3か月は直しては変え、変えては直しという繰り返しをやって、その間、現場は迷惑なんです。でも、お互いに夢を持って、苦労を一緒にしようよと言いながら、いいものを一緒に作り上げる。そこまでやらないと人はカイゼンに協力してくれません。思想でもツールでも同じ苦労をした人間同士だから広まっていくんです」

北明が導入したＡＧＶは今は5代目、6代目となっている。初代のＡＧＶならば人間がフォークリフトで運んだ方が早かっただろう。しかし、機械は進化する。人間の搬送能力はＡＧＶには絶対に勝てないようになっている。機械は人間より不器用だけれど、素直だ。くり返して覚えていく。

機械も人間も直すところを直しさえすれば性能はアップする。

61　覚えさせるにはわざと失敗させる

トヨタ自動車の河合に聞いた、ちょっといい話がある。現場の作業者だった頃、河合はカイゼンを考えた。ライン際で使う工具を置く台を自分で作ろうと思ったのである。大きさや高さを自分で設計し、上司に材料代を出してもらった。決して安い金ではなかったが、設計図を見た上司は「わかった」とひとこと言って、お金を出してくれた。

そうして、できあがったのだが、実際に使ってみたら、高さが足りなかった。腰を低くした体勢にならないと工具を取ることができない。

「失敗だ」と思ったけれど、お金をもらった以上、使い続けなくてはならない。無理して使っていて、腰を痛めてしまった。

上司がやってきた。

「河合、図面を見た時、俺は高さが足りないと思った。だが、お前はいつも熱心だから、やらせてやろうと思った。いいか、図面だけで作るな。ダミーを作って、実際に作業に使ってみろ。それから図面にするんだ。そのことを教えたかったから、やらせたんだ」

以後、河合は部下が何かやりたいと言ってきた時、「失敗する」とわかっていてもチャレンジさせることがある。

口で言うよりも、自分が痛い思いをしないとわからないことがあるからだ。

第10章　日常生活だってカイゼンできる

62　ダイエットはカイゼン向き

最初にトヨタ生産方式を理解した時、これはダイエットに向くと直感した。

トヨタ生産方式の基本は「後工程引き取り」にある。後の工程から「持ってきてくれ」と言われて、部品を組み込んだ製品を流すことだ。

逆に原材料やユニット部品を後のことを考えずにどんどん供給して生産することを「押し込み生産」という。前述したけれど、トヨタ生産方式が広まるまではこれが一般的だった。一般的というか、それ以外の方法を誰ひとり考えようとしなかったのが真実だろう。

そして、後工程引き取りの考え方を応用すべきと思ったのはダイエットだった。

痩せるには口から入れる食べ物を減らすしかない。しかし、家にいても、町を歩いていても、食べ物の広告と飲食店が誘いをかけてくる。わたしも含めて一般の人間はおいしそうな食べ物の写真に弱い。特に、食べたことがないものに弱い。値段が１０００円程度なら、「ちょっと食べてみようか」となってしまうのである。

そこでダイエットするために、人々はトレーナーがいるダイエット施設に頼ったり、ダイエット本を買ってきて、こんにゃくだけを食べたり、青汁を飲んだりする。

トレーナーがいるダイエット施設に行けば、通っている間は痩せるだろう。こんにゃくだって、青汁だって無意味ではない。しかし、いずれも継続することが難しい。

ダイエット施設に一生、通い続けることはできないし、5年も10年もこんにゃくばかり食べるのは至難の業だ。

ダイエットとは長く続けなくては効果が表れない。そこで後工程引き取りだ。

「食べる量を制限する」のではなく、「出した分だけ食べる」。

トイレへ行って大量に出たと思ったら、その日はある程度は食べる。あまり出てこない日が続いたら、食べないようにする。

トヨタ生産方式に学ぶダイエットでやることはこれだけ。

「出した分だけ食べる」こと。

痩せるとは確約できない。しかし、ちゃんと守れば現状以上に太ることはない。

貯蓄の場合はトヨタ生産方式と逆の考え方をする。つまり、押し込み生産だ。どんどん働いて、どんどん貯蓄する。使うこと（後工程）を考えずに、押し込み生産（お金を貯める）していけば通帳の金額は黙っていても増えていく。

「金を使うな」ではない。

63　忘れ物をしないための技

さて、次は生活のなかで忘れ物を防ぐカイゼンだ。

河合はかつて、こんな失敗をしたことがある。

「大きな水槽があると思ってください。朝、工場に来て、そこに水を張る仕事があった。まだ若かった頃ですよ。水を入れて上まで来るのに15分ぐらいかかる。朝の工場って忙しいから、水が上まで来るのに、その場でじっと待っとるわけにはいかんのよ。そこで、ラインの電源スイッチを入れたり、機械の運転準備をしたり、いろいろやっていたわけ。

その日も蛇口をひねってから、工場のなかをずーっと一周まわっていた。場内を一周まわって戻ってくると、だいたい、水がちょうどいい具合の容量になっているんだ、いつもは。

ところが、その日は途中でトラブルがあって、夢中になって仕事をして、はっと気づいた時は遅かった。オーバーフローして水が外に漏れていたんだよ。まあピットの中だから、外には漏れなかったけれど、上司からさんざん怒られてね。

二度とやっちゃいかんな、と。今ならセンサーがある。風呂の水を入れるのだって、適量で水道が止まるようになっているでしょう。ああいうセンサーがついている。だが、あの頃はまだなかったから、こんなカイゼンをした。蛇口をひねったら、手袋を片方だけ外して、蛇口に載せて縛っておく。片手袋で巡回していたら、水を出しているのを忘れることはない」

片手袋を外すことが最高のカイゼンとは言えないが、それでも、オーバーフローのような蛇口の締め忘れはなくなった。

その後も、彼はカイゼンを続けた。

忘れ物をしないために、あることをした。車のキーにエフ（絵符）をつけたのである。

エフとは荷札のような紙に細い針金が付いているものだ。

提出しなければならない書類があるとする。前日の夜までは覚えていても、酒を飲んで、寝て、翌朝になるときれいさっぱり忘れてしまうことがある。それを防ぐために出勤、退勤に使う車のキーに荷札のようなエフを付けた。エフが付いていれば、それは何か持っていくものがあるという表示なのだ。

もっとも今ならスマホのリマインダー機能を使えばいい。しかし、それでも提出物を忘れる場合、いちばん確実なのは寝る前に自宅の玄関の扉の内側にメモを貼っておく。

「提出。書類」

それだけ書いておけばいい。もっとも、そうしたメモを作成すれば、それだけで忘れることはなくなるだろう。

肝心なことは、注意喚起をセンサーやスマホに頼っても、どちらも機械だから、壊れることがあるという事実だ。

「工場ではセンサーが壊れるなんてことは時々、起こることだ」

河合はそう言っている。

64　カイゼンはほんの少しだけ前へ進むこと

「夢」「未来」。いずれも悪いイメージの言葉ではない。ただし、夢とか未来とか言っていられるのは余裕があるからだ。10年後のことを考えろと気軽に語りかける人がいるけれど、大半の人間は日々、生きるので精いっぱいだ。10年後のことを考えられる余裕のある人は100人のうち、数人といったところだと思う。

普通の人は仕事が終われば居酒屋に行くし、パチンコもやる。競馬もやる。温泉へも行く。お金を使っている。だが、決して余裕があるわけではない。目の前のことを考えて自転車操業で生きて、金を使っている。

ただし、自転車操業だからといって、その人間の能力が低いわけではない。余裕がない人間に対して、「夢」「未来」「10年後」と説教をしても、胸に響かないだろう。

余裕が出るまではその場その場で進路を決めて、出たとこ勝負で生きていく。目の前の仕事に取り組んで、ほんの少しでも余裕がある状態に持っていく。

わたしはカイゼンとは目の前の状態を少しだけよくすることだと思う。

「10年後のことを考えてカイゼンしている」という言葉はみせかけだし、おためごかしだと思う。

カイゼンとは夢、未来、10年後のような耳触りの良い言葉で飾り立てる行為ではない。出たとこ勝負で生きている人間が匍匐前進する時の知恵だ。ほんの少しだけ前へ進めばそれでいい。

65 完璧な準備をして仕事に取り掛かる人はいない

出たとこ勝負で生きていくのと同じだけれど、仕事に取り掛かる前、旅行に行く前、完璧な準備をしてからでないと着手しない人がいる。極端なきれい好きの人もそうだけれど、ちりひとつでも落ちていたら、気になって、鉢巻きを締めて掃除してしまう。余裕がないから事前の準備を完璧にしようとする。

しかし、現実には、どういった仕事であれ、旅行であれ、完璧な準備などあり得ない。過剰な準備はある。しかし、過剰な準備と完璧な準備は意味が違う。

足りないものがあっても、まずスタートすることだ。足りない、あるいは忘れたことがわかったら、それをどう入手するかを考えるのも仕事のうちだ。

部屋に掃除機をかけて、片付けてから、小さなゴミが落ちていることはある。そうしたら、掃除機を出さなくとも手でゴミを拾って捨てればいい。正規の手順にこだわって掃除機ですべての小さなゴミまで吸い尽くそうとしても、それはできない。ベストの追求はカイゼンではない。

66　事業に失敗するコツ

ある経営者から「事業に失敗するコツ」を書いたコピーをもらった。彼は「この言葉を考えたやつが面白いと思うんだよ」と言っていた。

「きっと、ひねくれ者なんだろうな」

12か条の「事業に失敗するコツ」

1　旧来の方法がいちばんよいと信じていること。
2　餅は餅屋だとうぬぼれていること。
3　ひまがないといって本を読まぬこと。

4　どうにかなると考えていること。
5　稼ぐに追いつく貧乏なしとむやみやたらと骨を折ること。
6　良いものは黙っていても売れると安心していること。
7　高い給料は出せないといって人を安く使うこと。
8　支払いは延ばす方が得だとなるべく支払わぬ工夫をすること。
9　機械は高いと云って人を使うこと。
10　お客はわがまま過ぎると考えること。
11　商売人は人情は禁物だと考えること。
12　そんなことはできないと改善せぬこと。

第11章　危機管理のカイゼン

67　トイレをきれいにする

トヨタの人間は「トヨタ生産方式」を上手に使いこなしている。

「生産方式」と呼ばれているけれど、工場の生産ラインだけのカイゼンに用いているわけではない。物流の現場でも販売現場でも、トヨタ生産方式の考え方を深化させ、あるいは拡大して応用させている。

たとえば、危機管理だ。

災害や感染症の広まりなど、突発的な理由で生産現場が止まったりした時、危機管理に動くのは工場や現場の人間だけではない。トヨタ生産方式を指導、伝導してきた生産調査部の人間たちも現場に入り込んでいって、対処し、工場の復旧をリードする。

トヨタの執行役員でTPS本部長を務める朝倉正司は災害対応にあたってきた。阪神淡路大震災、東日本大震災を始めとする災害でサプライヤーの工場が止まったら、すぐに駆け付け、ラインを復旧、再開させてきた。

工場設計の専門家が「再開には1年かかる」と判定したケースでも、柔軟な思考で応急措置を施し、それと同時に本格的工事もスタートさせた。そうして、できるだけ短時日でラインを動かした。危機管理と問題解決の専門家である。

彼は災害の時に役に立つ考え方はトヨタ生産方式の二本柱のひとつ、「自働化」だという。

「トヨタ生産方式の自働化っていうのは、異常があったら止まることを言います。異常を見つけることに力を注ぐ。それは異常がわからないとカイゼンが進まないからです。

災害とは異常事態のことですから、異常を見つけることは難しいことではない。ポイントを見つけて、あとは、復旧させればいいんです。災害が起こると、復旧対策よりも、責任追及を最初にやる人たちがいます。あれ、いくら追及しても復旧の役に立たないんですよ。追及は追及でやるとして、僕らの仕事は異常を見つけて、カイゼンして、正常に戻すことです」

この話をしていた時、朝倉は「そうそう、僕のいちばんの自慢はね」と言い出した。なんだ、車を大量に売った自慢話でも始まるのかと思ったら、まったく違った。

「便所です。自慢したいのは便所のこと。トヨタの生産現場にウォシュレットを入れたのは僕です。車体部長だった時でした。元町工場に就任してすぐの頃、トイレに行ったら、その頃の現場の便所は寒かったし、薄暗かったし、何より汚かった。そして、本社に来たら、便所は明るいしウォシュレットがついていた。許せんな、と。僕は『ウォシュレット、つけようぜ』と旗を振って、元町工場の便所につけたんですよ。そうしたら、よその工場や他の製造部もウォシュレットを付けました」

大切な話はここからだ。

朝倉は平時でも災害時でも、サプライヤーの工場へ行ったら、まずトイレを見に行く。トイレが汚ければ生産性もよくないし、復旧も進まない。トイレをきれいにすること、明るくすることは平時でも災害時でも、また感染症が流行した時でも重要なことなのである。

危機管理では忘れがちのことだけれど、設備を修復するだけが復旧ではない。同時に労働環境を整備する。できれば災害前よりもさらにいい環境にする。ウォシュレットは必ず新型をつける。

「便所を見たら、その会社の文化がわかる」これは朝倉の一世一代の名言だ。

さて、わたしなりに「どんな規模の会社でもマネできるわかりやすくて簡単な危機管理の対処法」を箇条書きでまとめておく。

「わかりやすい危機管理」

1　危機管理センターを常設しておく。

常設だけれど、危機管理だけをやるセクションではない。平時は違う仕事でいい。ただし、現場に精通するセクションがいいだろう。たとえば「新型コロナウイルスが蔓延した」といった状態になったら、すぐに経営トップが判断して常設チームを稼働させる。

2　危機管理のトップは経営者が兼任してはいけない。

危機の際に経営者がやることは栄養を取ってぐっすり眠って、大事な判断をすること。危機管理部隊は多忙で眠れないこともあるだろうから、経営者自身が兼職してはいけない。わたしたちは東日本大震災の時を思い出すことだ。官邸のソファで仮眠を取って、ヒステリックになっていた当時の首相は間違った判断ばかりをしていた。ああいうことをしてはいけない。

3　危機管理部隊が最初にやるのは異常を把握すること。
まず現場へ行く。現場を見る。そこで情報を分析して、判断のプランをトップにあげる。

4　現場以外の情報も集める。
危機の前例、解決法の前例も集めておく。海外における解決法も調べておく。

5　危機管理部隊の存在を組織の全員に知らせる。
現場で危機を感じたら、当事者は直属の上司とともに危機管理センターに連絡する。

6　責任の追及に時間をかけない。

それよりも解決策を見つけて、仕事の再開へつなげる。

7　労働環境の整備も忘れない。

危機の際の現場で仮設トイレを設置する。トイレをつねにきれいにしておく。トイレがきたないと人はやる気が起こらない。

危機管理センター、危機管理部隊の力だけで災害や感染症、景気後退を食い止めることはできない。危機管理部隊の人間でも解決不可能なことはある。

ただ、必ず、ひとこと付け加えるべきだ。

「私たちは危機管理のプロです。ほとんどのことは解決できます。しかし、できないこともあります。その時は一緒に答えを見つけましょう。私たちはあなたがたのそばにいます。一緒に考えてともに立ち上がりましょう」

それがプロの危機管理職人のプライドだ。

第12章　カイゼンはクリエイティブワークだ！

68　「電通通り」命名戦術

過労死問題が起こる前まで、電通といえばかつての社長、「広告の鬼」吉田秀雄が作った「鬼十則」が知られていた。

1　仕事は自ら創るべきで、与えらるべきでない。
2　仕事とは、先手先手と働き掛けていくことで、受け身でやるものではない。
3　大きな仕事と取り組め、小さな仕事はおのれを小さくする。
4　難しい仕事を狙え、そしてこれを成し遂げるところに進歩がある。
5　取り組んだら放すな、殺されても放すな、目的完遂までは……。

6　周囲を引きずり回せ、引きずるのと引きずられるのとでは、永い間に天地のひらきができる。

7　計画を持て、長期の計画を持っていれば、忍耐と工夫と、そして正しい努力と希望が生まれる。

8　自信を持て、自信がないから君の仕事には、迫力も粘りも、そして厚みすらがない。

9　頭は常に全回転、八方に気を配って、一分の隙もあってはならぬ、サービスとはそのようなものだ。

10　摩擦を怖れるな、摩擦は進歩の母、積極の肥料だ、でないと君は卑屈未練になる。

昭和の残り香を感じさせるフレーズばかりだけれど、やる気を引き出すステートメントとしては悪くない。

ただし、クリエイティブかといえば、まったくそんなことはない。どう読んでも精神論にすぎないからだ。

吉田秀雄は「鬼十則」よりもはるかにクリエイティブなカイゼンをしている。けれども、電通の社員でさえ、彼のやったクリエイティブなカイゼンを知るものは少ない。

それは電通通りと呼ばれる道路の話だ。銀座の大通りのひとつで、東急プラザ銀座の前を走っている。外堀通り、あるいは西銀座通りとも呼ばれている。

では、なぜ、電通通りと呼ばれるようになったのか。

「元の本社ビルが通りに面していたからでしょ」……、ではない。

当時、吉田は社員たちに怒っていた。社員がどこへ行くにもタクシーに乗り、交通費が想像以上の金額になってしまったのである。その頃の電通の社員は「銀座七丁目の本社から新橋」へ行く時でさえタクシーを使っていたらしい。歩いた方が早くても、「面倒くさい」と言ってタクシーに乗っていたようだ。

月末になってタクシー料金の集計が出ると、吉田は頭から湯気を出して怒ったとも言われている。

「もう我慢ならん」

吉田はタクシー利用を制限しようと思い、社員を集めた。ところが、いざ社員を前にして考えが変わったのである。

「お前たち、これまで通り、タクシーにはいくら乗ってもいい」

そう言ってから、目をぎょろりとさせて、命令した。

「いいか。タクシーに乗ってもいいが、その代わり、会社に帰ってくる時には必ず『電通通りの電通本社へ行ってくれ』と言うんだ」

なーんだ、そんなの簡単だと社員たちはほっとした。同時に「でも、電通通りって、どこにあるんだ、それは」とも感じたのである。

翌日から社員たちはいつものようにどこへ行くにもタクシーを使い、帰りのタクシーではこう伝えた。

「運転手さん、電通通りにある電通本社まで行ってくれよ」

「お客さん、電通の本社って、あの銀座にあるやつですか？　でも、電通通りって、どこですか？」

「あれ、あんた、知らないの？　本社の前のあの通り、あれ、電通通りって言うんだよ。知らないのはマズいね、それ」

「わかりました」

こうして、吉田秀雄はタクシー代だけで天下の公道を「電通通り」と名づけるのに成功したのである。

金をかけずに社名を知らせる。広告におけるクリエイティブとはこういうことだ。

69　企業理念は従業員が考える

経営学者のピーター・ドラッカーは次のような経験から、人生のビジョンや生きていくための理念を考えるようになったという。

ドラッカーは13歳の時に宗教の先生から「君は何によって憶えられたいの？」と訊ねられた。

答えが見つからなくて黙っていたら、先生は「13歳なんだから答えられないのは当たり前だよ」と笑った。

だが、付け加えた。

「でも、50歳になった時に同じ質問に答えられなかったら、君は何のために生きてきたかわからないことになるよ」

つまり、ビジョンとか理念は若いうちはなかなか考えないことだ。ただし、考えないまま生きていくわけにはいかないことでもある。さらに言えば、若いうちに考えたビジヨンをそのまま持ち続けなくともいい。

成長すれば、気づくことが増える。ビジョン、理念は持つだけでなく、変えていくことだ。理念を変えようとすることが、理念を深く考えることにつながる。

そうして、節目ごとに企業理念を変えている会社がある。それが埼玉のガーデングループだ。

同社はパチンコ、スロットの企業で、グループ年商は1200億円。従業員に対して手厚い福利厚生を行っていることでも知られている。毎年、欠かさず海外へ従業員を連れていっているが、2021年には従業員400名をパリへ連れていくという。本来は2020年に決行する予定だったが、コロナ危機で1年先延ばしした。

元々、同社は北浦和にあった一軒のパチンコ店だったが、現在の社長が成長させたのである。大きくなった理由を彼はこう語っている。

「企業理念があったから成長したんだと思う。理念のある会社とない会社では、理念がある方が強いに決まっている」

企業理念とはどこの会社にもある。ただし、たいていは建前の言葉の羅列だ。そして、会社幹部がコンサルタントに頼んだり、他社の例を引いて、こしらえてしまうものだ。

ところが、ガーデングループは全従業員に考えてもらうことにした。全従業員から企業理念を募り、その後、プロジェクトチームを作って、時間をかけて、企業理念を仕上げた。現在の企業理念は5代目で、さらに2021年に向けてまた新しい企業理念を作っている最中だという。

言葉自体は決して奇抜なものではない。だが、建前の羅列ではない。そして1年も考えて案を出したわけだから、従業員は誰もが企業理念になじんでいる。

企業理念を持っている会社は数多い。しかし、全従業員が企業理念をすべてそらんじている会社はおそらくガーデングループくらいのものだろう。

一部を引用しておく。

Mission

私たちは、一人一人が経営者として常に改善変革を続け、ふれあう人々の楽しさと豊かさを実現します。

Value

1　約束し守ります。

2　自分を指さします。【註・何かあった時、他人のせいにするのではなく、まず、自分はどうなのかを考えること】
3　率直に指摘します。
4　可能性に集中します。
5　相手の大切を大切にします。

従業員ふたりに企業理念について、聞いたことがある。ふたりともに「Value の2番と5番の言葉が好きです」と教えてくれた。

企業理念をそらんじていて、しかも、そのなかの言葉が好きだという若い従業員がいる。

若い従業員は、企業理念とか会社の方針なんてバカにしているものだとばかり思っていたわたしの方が、古い考え方の人間だった。

災害が起こると、会社を休んでボランティアに出かけるのが当たり前の行動と思っている若い世代にとって、ビジョン、理念は「好きな言葉」でなければならないのだろう。

70　勝利の女神の背中を見る

パリのルーヴル美術館に「サモトラケのニケ」という像がある。

勝利の女神、ニケをかたどった像で、ヘレニズム期の大理石彫刻だ。ルーヴル美術館を入ってすぐの階段上に翼を広げた姿で飾ってある。「サモトラケのニケ」のニケはＮＩＫＥと書く。ナイキというスポーツブランド名はこの女神像に由来する。美術の教科書にも「モナリザ」と一緒に掲載されることが多く、日本人でも知っている人が多い彫像だ。

この像を鑑賞する人を見ていると、たいていは下から見上げて、正面からスマホで撮影して、次の作品へ移る。１０００人の観光客のうち、９８０人はそうやって正面からだけ鑑賞する。

だが、美術の専門家や好奇心の強い人は裏側へ回る。裏側へ行くと、女神の身体は巨牛の胴体と見まがうほど太い。背中から生えている大きな羽根を支えるため、女神の身体は頑丈な構造になっているのである。

サモトラケのニケは前から見れば女神だけれど、後ろへ回れば巨牛の胴体だ。

そこで、考える。

正面の美を支えているのは巨牛のような胴体であり、それは背後に回って見ないとわからない。

カイゼンのヒントは実はここにある。それまでと違った視点で、自分のいつもの仕事を見直す。すると、それまで見えなかったことがあらわになる。

裏側だけで足りなければ、今度は側面に回ってもいい。

カイゼンはひとつの方法だけではない。これまで見ていなかった地点に立つと、カイゼン点はいくつも出てくる。そして、そのなかのどれかをやるのではなく、すべてをやってみて、失敗したり、成功したりすることがカイゼンだ。

あとがき

71 「ごっこ」のムダをなくせ

本書の取材のためにトヨタの本社へ行って、帰り際、ふと見ると、新しく作られたポスターがここかしこに貼ってあった。

トヨタはちょっと目を離すと、すぐカイゼンしてしまうのである。

ポスターには「事技系職場における7つのムダ」と書いてあった。一読してすぐにわかる文句ばかりが並んでいて、わたしが「最高だな、これ」と思ったのが7番目の「ごっこのムダ」である。

事技系職場における7つのムダ

①　会議のムダ
「決まらない会議」「決めない人も出る会議」を開催していませんか？
②　根回しのムダ
自分の〝安心〟のために〝全員〟に事前回りをしていませんか？
③　資料のムダ
報告のためだけに資料を作っていませんか？　Ａ４／Ａ３一枚以上の資料を準備していませんか？
④　調整のムダ
実務で調整していても進まない案件を、「頑張って」調整しようとしていませんか？　そういった案件は、すぐに上司に相談しましょう。
⑤　上司のプライドのムダ
自分に報告がなかったというだけで、「私は聞いていない」と言っていませんか？　上司がこう言うと、②根回し③資料のムダが発生します。情報は上司自ら取りに行きましょう。
⑥　マンネリのムダ

「今までやっているから」という理由だけで、続けている業務はありませんか？

⑦「ごっこ」のムダ

事前に練ったシナリオ通りの〝ジャンシャン〟会議をしていませんか？　決めようとせず、その周辺ばかりをつくることで議論した気になっていませんか？

スポンサー同席の広告代理店の会議に出ると、「これは会議ごっこだな」と思うことがある。どの会社にもあることだ。そして、トヨタでさえ、ムダがまだいくつもある。この「ムダがある」と意識すること、そこからすべては始まるのだろう。最初から完璧を目指さず、できることを、少しだけ変えてみる。うまくいかなくったっていい。やりながら考えればいいのだ。

そう思えば、カイゼンは何も特別なことではない。

より「楽」に「楽しく」なるために、日々できることがある。そう考えただけで、すでに「カイゼン」は始まっている。

野地秩嘉　1957（昭和32）年、東京生まれ。早稲田大学商学部卒。ノンフィクション作家。『サービスの達人たち』『イベリコ豚を買いに』『トヨタ物語』『トヨタ 現場の「オヤジ」たち』など著書多数。

Ⓢ新潮新書

869

トヨタに学《まな》ぶ　カイゼンのヒント71

著　者　野地秩嘉《のじつねよし》

2020年7月20日　発行

発行者　佐藤隆信

発行所　株式会社新潮社

〒162-8711　東京都新宿区矢来町71番地
編集部(03)3266-5430　読者係(03)3266-5111
https://www.shinchosha.co.jp

印刷所　錦明印刷株式会社

製本所　錦明印刷株式会社

ISBN978-4-10-610869-3　C0234